Viel Spass!
Peter [illegible]

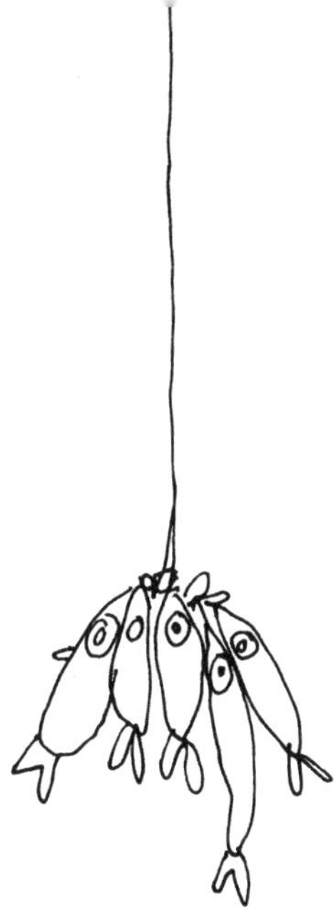

Peter Brunner

zart und deftig

_die schönsten Kolumnen zu Essen und Kochen mit 100 Lieblingsrezepten für den Alltag

_illustriert von Sonja Studer

_ «Madame, das gibt es einfach, Lammfleisch ist ein Stück Natur und kein Industrieprodukt.»

einsichten

einkaufen

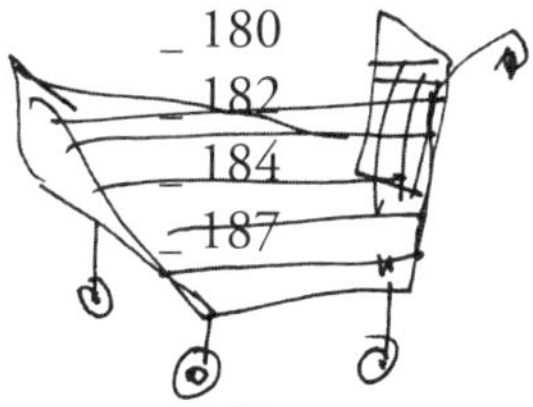

einsichten

_ «Essen Sie guten Mutes mit der erstbesten Gabel und trinken Sie aus dem erstbesten Glas, auch wenn es vielleicht anders gedacht war. Wenn Sie Lust haben, bestellen Sie Rotwein zum Fisch, eine Cola zum Salat oder Pommes frites zum Kalbsfilet!»

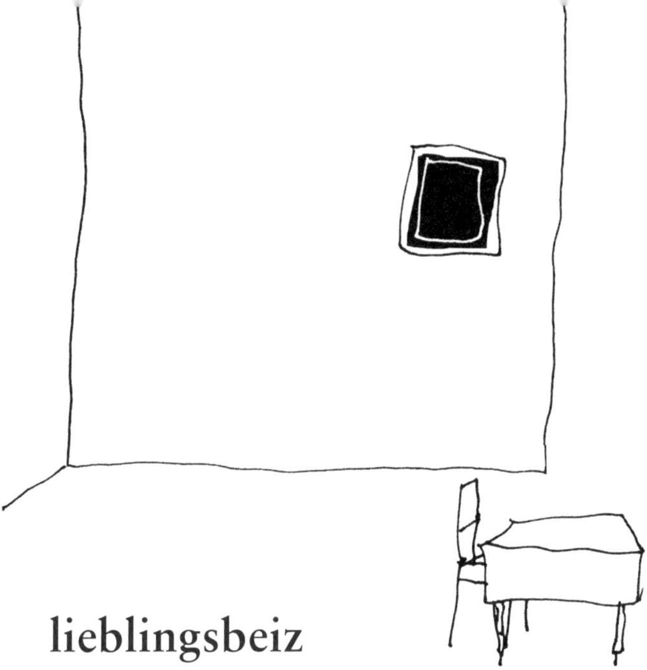

lieblingsbeiz

_ Mit zunehmendem Alter und abnehmender Freizeit verbringe ich weniger Zeit in Beizen. In meiner Jugend war dies ein wichtiger Teil meines Tagesablaufs. Ich meine damit nicht den Restaurantbesuch mit dem Zweck zu essen oder zu trinken. Ich meine auch nicht die zielgerichteten Verabredungen und Rendez-vous, die ich, wie alle Leute, in Lokalen zu machen pflege. Ich meine das absichtslose Verbringen von Zeit in einer Gaststätte, vorzugsweise mitten in einem Arbeitstag: Eine unverhoffte Lücke im Stundenplan, eine unverplante «Zimmerstunde», das ist die Zeit von uns Gastgewerblern zwischen Mittags- und Abendservice, oder ein paar leere Stunden in einer fremden Stadt. Man sitzt in einem Lokal nur um dazusitzen, ohne andere Absicht, liest vielleicht eine Zeitung oder ein Buch, oder betrachtet die anderen Gäste und das Servicepersonal. Für diese Gelegenheiten brauche ich einen Restauranttyp, der im Aussterben begriffen ist: Das Lokal muss wenn möglich gross sein und vor allem leer, mit möglichst wenig anderen Gästen, die mich stören könnten. Es darf auf keinen Fall ein Themenrestaurant sein, also kein Szenentreff, kein Pub und keine American Bar. Es muss in seiner Ausstattung möglichst anspruchslos, ja langweilig sein, keine mediterrane Ambiente und keine thailändischen Dekorationen, keine fantasievolle Beleuchtung und keine Designermöbel. Das Personal darf nicht zu freundlich und vor allem nicht zu eifrig sein. Es ist nämlich besonders reizvoll, Tricks und Schliche zu finden, um überhaupt etwas bestellen zu können. Am liebsten sind mir ältere Serviertöchter und Kellner, die bereits zum Inventar gehören, deswegen aber keineswegs gerne hier arbeiten. Alles ein bisschen schmuddelig, abgeschabt und lieblos, damit ich keinesfalls auf die Idee kommen könnte, ich sei hier besonders willkommen. Wenn

dieses Lokal überhaupt eine Stimmung hat, dann ist sie depressiv. Bis vor kurzem habe ich gemeint, ich sei mit meiner abartigen Vorliebe für solche Lokale allein. Aber seit ich zuerst verschämt, aber dann immer offener meine Wunschvorstellungen eingestehe, merke ich, dass ich damit keinesfalls allein bin. Im Gegenteil stosse ich oft auf begeisterte Zustimmung und schwelge mit meinen Gesprächspartnern in Erinnerungen ans alte gammlige «Pfauen», an die alte «Gans» beim Central, die am Morgen schon nach abgestandenem Bier roch, und an das alte verlotterte «Odeon». Ja, auch wenn es heute im goldenen Nostalgieschimmer des Literatenkaffees leuchtet, das alte «Odeon» war ein abgetakelter Schuppen, schmuddelig und meistens leer. Ich hab mir schon oft überlegt, was mich an solchen Lokalen anzieht. Ich denke, es ist der leere Raum, der Raum ohne Erwartung, weder an mich, noch an das Lokal. Es will mich mit nichts beeindrucken und ich werde nicht durch Eindrücke gestört. Niemand will etwas von mir und ich will von niemandem etwas, ausser vielleicht ein Bier oder einen Kaffee – wenn möglich. Alles ist einfach wie es ist. Und dabei kommt meine Seele zur Ruhe. Diese Beizen werden immer weniger, denn sie rentieren schlicht nicht. Selbst wenn sie plötzlich in Mode kämen, würde es nicht funktionieren, denn in diesem Moment wären sie nicht mehr leer. Ein vergleichbares Lebensgefühl empfinde ich, wenn ich mich für einen Moment in eine leere Kirchenbank setze. Nur gibts in der Kirche kein Bier und ich habe in der Kirche auch Hemmungen die Zeitung zu lesen. Aber weit liegen sie nicht auseinander, das Kirchenschiff und meine Lieblingsbeiz. Bei den Kirchen funktioniert das noch, die sind leer und müssen vorläufig noch nicht rentieren.

_Tja, und wie schaff ich jetzt den Übergang zu einem Rezept, das Sie, lieber Leser, liebe Leserin, von mir erwarten und das zu meiner Beiz passt? Eines der Gerichte, die man im «Pfauen» in anständiger Qualität bekam, war geschnetzelte Kalbsleber. Ich erinnere mich an ihre Zubereitung nicht mehr, aber so bereite ich sie heute zu:

geschnetzelte kalbsleber

_ Die Leber unbedingt von Hand in nicht zu kleine Würfelchen schneiden. Eine fein gehackte Schalotte, Majoran und ein schönes Stück frische Butter bereitstellen. Eine grosse Bratpfanne rauchend heiss werden lassen. Die Leber mit wenig Erdnussöl und einem zerbröselten Bouillonwürfel kurz darin braten und die Hitze gleichzeitig auf ein Minimum reduzieren. Die restlichen Zutaten beifügen, mit Salz und Pfeffer abschmecken und sofort servieren.

reklamation!

_ Ich reklamiere als Gast höchst ungern in einem Restaurant, und ich weiss, das geht vielen Menschen so. Es ist mir peinlich und oft auch der Mühe nicht wert, weil das Servicepersonal mit seinen hilflosen Ausreden die ganze Situation nur noch verschlimmert. Ganz besonders liebe ich Sätze wie «Das machen wir immer so!» oder – noch besser – «Der Chef sagt, das kann nicht sein!» Leider kann es mir bei besonders schnippischen und ungeschickten Reaktionen passieren, dass die Situation eskaliert. Einmal bin ich dabei zum Entsetzen meiner Frau sogar von der Chefin aus dem Lokal geschmissen worden, was mir heute noch peinlich ist. Umgekehrt habe ich auch schon begeistert ein besonders grosses Trinkgeld gegeben, wenn eine Servicemitarbeiterin die Reklamation mit charmanter und einfühlsamer Kompetenz entgegengenommen und den Fehler korrigiert hat.

_ In unserer Beiz gilt die klare Devise, dass man sich für eine Kritik bedankt, denn es ist nicht selbstverständlich, dass sich ein Gast die Mühe dazu nimmt. Es ist für ihn viel einfacher, zu zahlen, zu gehen und seiner schlechten Laune Freunden gegenüber Luft zu machen. Ich möchte aber gleich einschränken, dass uns diese professionelle Haltung nicht immer gelingt. Das Servicepersonal befindet sich im Sandwich zwischen den Gästen und der Küche und neigt dazu, den Betrieb zu verteidigen, was ja an sich nicht unsympathisch, aber eben doch unprofessionell ist.

_ Aus Sicht des Kochs und Wirtes sieht eine Reklamation ganz anders aus. Für uns ist sie eine zwar unangenehme, aber die beste Möglichkeit, sich zu verbessern. Erstaunlicherweise sind nämlich mindestens drei Viertel der Kritiken berechtigt oder zumindest nachvollziehbar und lehrreich. Nach meiner Erfahrung fehlt oft gerade differenzierten Gästen ein gesundes Vertrauen in ihren Geschmackssinn. Sie meinen, Profi-Testesser sein zu müssen, um eine Kritik anbringen zu dürfen. Im Gegenteil, ich meine, dass jeder Gast kompetent genug urteilen kann, ob ihm das Essen oder der Wein schmeckt, und dass er dies sehr wohl auch äussern darf. Es wäre schön, wenn alle Testesser tatsächlich so kompetent und selbstkritisch wären. Ob alle Gäste die Meinung eines Gastes teilen, die Kritik quasi objektiv ist, spielt für mich im konkreten Fall keine Rolle. Für ein Restaurantteam kann es einzig und allein darum gehen, dass sich ein Gast nach allen Möglichkeiten wohl und zufrieden fühlt.

_ Natürlich gibt es auch Beanstandungen, die Geschmackssache sind, die Salzmenge ist beispielsweise ein immer wiederkehrendes Thema oder die Portionengrösse. Ebenso der Garpunkt von Fisch oder Gemüse. Hier ist einerseits die Flexibilität des Betriebes gefragt. Anderseits hat aber doch zu guter Letzt jeder Koch seine eigene Auffassung vom Kochen, die ein Gast akzeptieren sollte. Bei uns gibts beispielsweise einfach keine Pommes frites, kein Ketchup und auch kein French Dressing.

_ In ganz seltenen Fällen stimmt der Ton einer Kritik nicht. Vor Jahren habe ich eine solche Episode zufällig selber miterlebt: Auf dem Weg durch mein Restaurant in den Keller packte mich ein Herr am Ärmel meiner Kochbluse und sagte: «Sagen Sie dem Kamel da, wir wollen zahlen!» Er meinte eine Servicemitarbeiterin, die eben am Nebentisch eine Bestellung aufnahm. Ich drehte mich um und sagte: «Ich glaube, Sie sind hier am falschen Ort, wir sind nämlich kein Zoo. Sie brauchen auf Ihre Rechnung nicht länger zu warten, aber verlassen Sie bitte das Lokal.»

_ Es gibt auch Reklamationen der amüsanteren Art: Eine Dame, die für eine Tafelrunde ein Essen organisierte, retournierte die Rechnung mit der Begründung, sie könnten unmöglich so viel Mineralwasser getrunken haben. Als ich der Dame vorrechnete, dass die getrunkene Menge Wasser einem Glas pro halbe Stunde entspreche, waren wir uns schnell einig, dass dies an einem warmen Sommerabend durchaus realistisch sei.

rezept zur jahreszeit: kastanienauflauf

_ 150 g Zucker, 2 dl Wasser, 240 g Kastanien, geschält und gehackt: Alles zusammen etwa 10 Min. bei kleiner Hitze kochen, etwas auskühlen lassen und pürieren. 40 g Butter, 2 Eigelb, 2 Eiweiss: Eigelb und Butter 2–3 Min. schaumig rühren und mit dem Kastanienpüree mischen. Das Eiweiss zu Schnee schlagen und darunterziehen. Vier Förmchen gut ausbuttern und die Masse einfüllen. Bei 180° im Ofen ca. 30 Min. backen. Dem Rand entlang mit einem Messer lösen und stürzen. Mit Heidelbeeren oder mit Schlagrahm servieren.

trau dich!

_ Die heutige Kolumne ist den unzähligen Leserinnen und Lesern gewidmet, deren an sich gesundes Selbstbewusstsein vor dem Kochherd zu einem kümmerlichen Seelein zusammenschmilzt. Ich hoffe diese Zeilen werden sie überhaupt erreichen, denn ihnen möchte ich zurufen: «Habt Mut, Kochen ist ganz einfach! Lasst euch von den überdrehten Rezepten in Hochglanzzeitschriften nicht verunsichern, von exzentrischen selbst ernannten Gourmetexperten nicht einschüchtern und von kulinarischen Selbstdarstellerinnen in euerm Bekanntenkreis nicht entmutigen. Schade, dass immer mehr Menschen sich kaum mehr trauen für Freunde zu kochen, weil sie meinen, ihr Essen sei zu dilettantisch, zu bieder, zu wenig kreativ und deshalb nur noch einen Racletteofen oder G'schwellti auf den Tisch stellen.

_ Ich denke nicht an diejenigen Leute, die schlicht keine Freude und Interesse am Kochen haben. Die gibt es ebenso, wie es Leute gibt, die keine Freude am Briefmarkensammeln oder Tanzen haben. Nein, ich meine die vielen Leute, wie ich sie immer wieder antreffe, die im Grunde gerne ab und zu etwas Gutes kochen würden, es sich aber nicht zutrauen, nicht einmal für sich selber. Wenn sie sich trotzdem eines Tages und bangen Herzens zu einem neuen kulinarischen Anlauf entschliessen, möchten sie es natürlich besonders gut machen und setzen deshalb ihre Ansprüche viel zu hoch an: Schrecklich diese Abende, wo im Zentrum der peinlichen Aufmerksamkeit der zusammengestürzte Himbeerpudding zittert, oder eine ganze Tafelrunde angesichts des missratenen Lammgigots das vernichtete Selbstvertrauen der am Boden zerstörten Gastgeberin mit gequälter Munterkeit wieder aufpäppeln muss. Ihnen allen hier ein Crash-Kurs in kulinarischem Selbstvertrauen:

_ 1. Akzeptieren Sie Ihren Diletanttismus. Das Wort bedeutet nämlich im Lateinischen «Liebhaberei», und das ist etwas sehr Schönes. Es bedeutet, etwas gerne zu machen, ohne professionell perfekt sein zu müssen. _ 2. Gehen Sie also von dem aus, was Sie gerne kochen und auch gerne essen, die meisten Leute wissen sehr genau, was sie am liebsten essen. _ 3. Halten Sie das Kochen möglichst einfach: Wenige Zutaten, einfache, frische Zubereitung. _ 4. So lange Sie unsicher sind, kochen Sie immer etwa das Gleiche. Wenn Sie meinen Rat befolgen und kochen, was Sie am liebsten mögen, wird es ohnehin immer etwa das Gleiche sein, denn die meisten Leute haben nur sehr wenige Leibspeisen. _ 5. Verwenden Sie wenige, aber erstklassige Rohprodukte: Aus etwas Gutem ist es einfach, etwas Gutes zu kochen. _ 6. Verwenden Sie keine Halbfertigprodukte wie Fertigsaucen, Reismischungen, 1-Minuten-Polenta, Gewürzmischungen, Farmersteaks und wie das Zeug alles heisst. Halbfertigprodukte sind meist derart schlecht, dass es einer beträchtlichen Kochkunst bedarf, um daraus etwas Gutes zu fabrizieren. _ 7. Scheuen Sie sich hingegen nicht einzelne Komponenten der Mahlzeit fixfertig zu kaufen. Viele Delikatessenläden geben sich unheimlich Mühe, gute Produkte einzukaufen, seien dies Terrinen, frische Teigwaren, erstklassige Wurstwaren, Oliven, eingelegtes Gemüse, Käse und was Herz und Gaumen sonst noch erfreut. Da braucht es nur noch einen kleinen persönlichen Kick zum Festmahl: Ein besonders gutes Brot, eine passende kleine Sauce, einen apparten Kräutersalat. _ 8. Erinnern Sie sich immer an den Grundsatz: «Kochen ist einfach!» oder auf gut Englisch: «Keep it simple!» _ 9. Stellen Sie ein grösseres Menü so zusammen, dass Sie das Meiste im voraus zubereiten können oder noch besser: Kochen Sie nur ein Gericht und fertig – zum Dessert gibts Käse und frische Früchte. _10. Und das Wichtigste: Lesen Sie regelmässig meine Kolumne.

_ Dies die grundsätzlichen und ein wenig blutleeren Tipps, das nächste Mal werde ich ihnen 1:1 beschreiben, wie die Entstehung eines Essens bei mir zu Hause ablaufen könnte. Bis dann: «No Stress!»

kleiner sommerz'nacht

_ Je eine frische Feige, Avocado, Tomate, Aprikose, Frühlingszwiebel in Würfel schneiden. Mit einer grossen Tasse gekochtem Trockenreis mischen. Mit Essig, Olivenöl, Salz, Pfeffer und gehacktem Basilikum abschmecken. P.S. Dazu passen ein gebratener Fisch, ein «Porco fidelio»-Würstchen oder ein paar Lammkoteletts.

trau dich (2)

_Heute also wie versprochen der zweite praktische Teil meines kleinen Crash-Kochkurses für Leute ohne kulinarisches Selbstvertrauen. Ich führe Sie in meine private Küche mit unserem alten Gasherd und möchte Ihnen anhand eines kleinen, leckeren Abendessens für meine Frau und mich zeigen, wie einfach Kochen sein kann. Zuerst ein Blick in unseren Vorratsschrank. Neben den üblichen Grundzutaten müssen unbedingt immer Spaghetti di Poschiavo, Kartoffeln, Zitronen, Olivenöl, Fleur de Sel und Tomaten vorhanden sein. Im Kühlschrank lagern immer Eier, Butter, Crème fraîche, ein Stück Parmesan und irgendeine Art von Salat. Zudem steht natürlich ein wohl gefülltes Gewürzkistchen vor dem Küchenfenster. Bei Ihnen zu Hause sehen die Standardvorräte wohl etwas anders aus, aber meine folgenden Vorschläge lassen sich leicht anpassen.

_Ein kleines Abendessen beginnt immer mit der Frage nach der «Beilage», für uns das Herzstück jedes kleinen Abendessens. Fast immer entscheiden wir uns für Kartoffeln oder Spaghetti. Allein mit den beschriebenen Zutaten gäbe das locker 20 verschiedene Variationen, aber für heute wähle ich ausnahmsweise Couscous, um das Ganze etwas spannender zu gestalten. Vorab aber noch schnell, was ich bei heissem Wetter mit den Spaghetti fabrizieren würde: aromatische Tomaten grob würfeln und sofort salzen. Etwas Zitronenschale, Ingwerpulver, frischen Pfeffer und gehackte Pfefferminze mit Olivenöl mischen. Das Tomatenwasser weggiessen und alles zusammen mit den frisch abgekochten Spaghetti mischen. Und mit den neuen Kartoffeln: in der Schale knapp weich kochen und in Scheiben schneiden. Eine Gurke ebenfalls in Scheiben schneiden und kräftig salzen. Beides mit einem Becher Crème fraîche, etwas Zitronenschale, wenig Weissweinessig, viel gehacktem Kerbel, Dill und Verveine mischen und noch lauwarm servieren.

_Und jetzt zum Couscous. Damit meine ich nicht das indonesische Beuteltier, das sicher auch lecker schmecken würde, sondern das gemahlene und gerollte Getreide aus der arabischen Küche. Ich muss gleich vorausschicken, dass ich keine E-Mail-Korrespondenz mit den Kennern der arabischen Küche über die einzig richtige und wahre Zubereitung von Couscous führen werde – geschenkt, Sie haben alle Recht. Mir schmeckt mein eigenes Couscousrezept, und vor allem ist die Zubereitung so simpel, dass sie sich auch für Köche mit schwachem Selbstvertrauen eignet: Den Griess in kaltem Wasser 1 Minute einweichen. In ein feines Sieb giessen, über eine

Pfanne mit kochendem Wasser hängen und 2 Minuten zugedeckt dämpfen. Auf einem grossen Blech ausbreiten und auskühlen lassen. Den kalten Couscous mit der Hand fein zerbröseln. Eine Paste herstellen aus viel gehackter Pfefferminze, Petersilie, einer zerdrückten Knoblauchzehe, etwas abgeriebener Zitronenschale, Korianderkörnern, wenig Essig, Salz, Pfeffer und Olivenöl. Die Paste können Sie übrigens in grösserer Menge herstellen und für weitere Pasta-, Gemüse- oder Fleischgerichte verwenden. Dies sind fürs Erste die beiden Grundzutaten, wobei sich der Griess auch durch Langkornreis ersetzen lässt. Jetzt gibt es die verschiedensten Variationsmöglichkeiten: Bei uns zu Hause gibt es nur noch viele grob geschnittene Tomatenwürfel und zwei gekochte, in Viertel geschnittene Eier dazu. Hervorragend schmeckt aber auch eine Mischung mit frisch abgekochtem Broccoli und Oliven. Oder gedünstete Peperonistreifen, Stangensellerie, getrocknete Tomaten und Oliven. Für Liebhaber der nordafrikanischen Küche empfehle ich dagegen fein geschnittene Datteln, geröstete Pinienkerne, etwas Safran, ganz wenig Zimt und besonders apart – Granatapfelkerne. All diese Variationen kann man kalt oder warm servieren.

_ Bei uns sind die kleinen Abendessen meist fleischlos. Fleischliebhaber können dazu ein paar Lammkoteletts, eine Geflügelbrust oder Kalbsleber braten. Ebenso gut passen Hackfleischbällchen oder eine kräftige Schweinsbratwurst. Eine Sauce ist zum saftigen, aromatischen Couscous völlig unnötig. Hingegen darf eine grosse Schüssel Salat nie fehlen. Und als Nächstes kommt an dieser Stelle das grosse «Trau dich!»-Menü für Gäste.

notstand

_ Tomatenüberschwemmung in der Schweiz! Aus aktuellem Anlass muss ich die dritte Folge des Crash-Kochkurses um zwei Wochen verschieben, denn die Katastrophenmeldungen aus dem Wallis erinnern an die Überschwemmungskatastrophe von Gondo (VS) vor fünf Jahren. In den Medien wird zu Hilfsaktionen der Grossverteiler aufgerufen, die Landesgrenzen sind sofort zu schliessen und vor allem wir Konsumenten sollen Tomaten essen, essen, essen!

_ Am 14. Juli, kurz nach den ersten Katastrophenmeldungen, eilte ich solidarischen Mutes in die Migros Limmatplatz, um Tomaten zu kaufen. Die einzigen Schweizer Tomaten, die ich dort entdeckte, waren aus Hors-sol-Produktion. Zum Glück gab es auch ausländische Früchte, die noch knapp vor der Importsperre und unter grossem Geschrei der Tomatenproduzenten hereingelassen wurden. Folgende Woche, gleicher Ort. Jetzt gibt es nur noch Schweizer Ware, fünf Sorten von 1.90 Franken / kg für die Aktionstomaten (völlig ungeniessbar) bis 7.30 Franken / kg für Biotta-Tomaten (erstaunlich mehlig und den Preis niemals wert). Am wenigsten schlecht schmecken noch die «San Marzano» für 3.40 Franken / kg. Und all diese fade, saure oder mehlige Ware ist notabene mit Konsumenten- und Steuergeldern schwer subventioniert. Das erinnert doch fatal an die Zeit, als die Walliser Weinbauern ihre Schwimmbäder mit Trauben füllten, weil niemand ihre langweiligen Weine trinken wollte. Ich will hier kein Migros-bashing betreiben, bei anderen Grossverteilern und auf dem Engrosmarkt sieht die Lage nicht besser aus. Letztlich sind auch sie Opfer der Schweizer Landwirtschaftspolitik. Aber ein besseres Qualitätsmanagement könnten die Migros mit ihrer Marktmacht sicher betreiben. Und wir Konsumentinnen und Konsumenten sollen jetzt diese Schweizer Tomatensuppe wieder auslöffeln. Dabei beklagen wir uns seit Jahren über ihre Geschmacklosigkeit.

_ Eigentlich wäre dies der richtige Zeitpunkt für einen Konsumstreik im Kampf gegen die Tomatenlobby, wenn darunter nicht auch viele gute Schweizer Tomatenbauern leiden würden, die sich mit grossem Engagement und Fachkenntnis um Qualität bemühen. Die gibt es nämlich auch, nicht in den Supermärkten, aber auf den Gemüsemärkten oder in Läden, welche ihre Produkte aus der Region beziehen. Es gibt hervorragende Schweizer Tomaten und es ist ein Irrtum, dass es in der Schweiz einfach an Sonne fehle, Tomaten aus Italien oder Spanien müssen keineswegs besser sein. Entscheidend ist neben der Sortenwahl vor allem die Art des Anbaus. Ernst Wettstein aus Winkel ist mein Tomatengewährsmann auf dem Bürkliplatz. Von ihm habe ich schon viel über den Tomatenanbau gelernt und er hat eine sehr einleuchtende Theorie: Jede Tomatenstaude hat wie jeder Rebstock ein bestimmtes Aromapotenzial. Wenn man pro Staude fünf Tomaten reifen lässt und die restlichen Blüten wegknipst, werden diese Früchte viel aromatischer, als wenn man zehn Stück reifen lässt. So liesse sich die Tomatenschwemme beseitigen: Die Ernte halbieren und die Qualität verdoppeln. Einfach, nicht wahr? Ernst Wettstein hat übrigens nie Absatzprobleme. Obwohl seine Tomaten eine Spur teurer sind als andere, sind sie meist um 10 Uhr morgens ausverkauft. Essen wir also Tomaten von Ernst Wettstein und seinen Kollegen! Hier ein paar Ideen für die Zubereitung:

gefüllte tomaten

_ Den Stielansatz grosszügig wegschneiden. Mit einem Löffel das Kerngehäuse und die Kerne vollständig entfernen. Die Tomaten innen kräftig salzen und umdrehen. Mindestes 30 Min. liegen lassen, damit das Tomatenwasser auslaufen kann. Vor dem Füllen innen sorgfältig mit einem Küchenpapier trocken tupfen.

Variationen der Füllung:

_ Reis in Rindsbouillon weichkochen. Warm mit kleinen Parmesanwürfelchen, einem zerdrückten, weichgekochten Ei, wenig gehackten Zwiebeln und Basilikum mischen.

_ Eier in einer Schüssel verquirlen und nach Belieben mit Kräutern, Käse, Schinken, Gemüse oder Pilzen mischen. In die Tomaten füllen und bei 120° im Ofen backen, bis die Eimasse stichfest wird.

_ Ratatouille oder andere gekochte Gemüse in die Tomaten füllen, mit Parmesan bestreuen und bei 150° backen.

trau dich (3)

_ Heute beginnen wir also mit dem grossen «Trau dich!»-Menü für Gäste, es soll drei Gänge umfassen. Keine Panik, auch wenn Sie aus kulinarischer Schüchternheit üblicherweise Ihren Gästen höchstens einen Racletteofen oder einen Topf Gschwellti auf den Tisch stellen, werden Sie das schaffen. Beim Schreiben meiner Kolumnen taucht manchmal ein ganz bestimmter Leser vor meinen Augen auf. Heute ist es der Ehemann, der nach erfolgreicher Pensionierung von seiner Frau plötzlich zur Mitarbeit im Haushalt «ermuntert» wird und dabei nicht nur immer den Abwasch übernehmen, sondern sich ab und zu auch an das Abenteuer Kochen wagen möchte. Ihm sind diese Zeilen gewidmet, und deshalb organisieren wir unser Gästemenü so umsichtig, dass nichts schief gehen kann.

_ Auch hier gelten die einfachen Grundregeln meines «Trau dich!»-Kochkurses: erstklassige Zutaten, einfache Zubereitungen und sorgfältige Vorbereitung. Ich mache Ihnen für die Vorspeise, den Hauptgang und das Dessert je drei sehr einfache Vorschläge. Die Vorspeise soll in jedem Fall zwei bis drei Stunden vor Eintreffen der Gäste fixfertig bereitstehen, damit die Küche nicht bereits vor dem Hauptgang in Chaos und Panik versinkt. Es darf also kein Gericht sein, das man in letzter Minute zubereiten muss. Für den ersten Vorschlag müssen Sie nicht einmal kochen, dafür sorgfältig einkaufen: ein Antipasto mit frischen Feigen, Büffelmozzarella, Parmaschinken und ein paar gewürzten Oliven. Die aufgeschnittenen Feigen mit Aceto Balsamico, die Mozzarellascheiben mit Olivenöl beträufeln, Parmaschinken und Oliven darüberlegen und das Ganze mit der Mühle kräftig pfeffern. Fertig. Je nach Vorlieben kann man dieses Antipasto auch variieren: kleine Parmesanbrocken mit Aceto Balsamico, Bresaola, Hirschsalsiz, Melonen, Kaki, eingelegte Artischocken usw. Dazu reichen wir ein Olivenbrot, Grissini artigianali oder ein anderes passendes Spezialbrot. Zweiter Vorschlag, eine kalte oder warme Tomatensuppe: Zwei geschälte, zerdrückte Knoblauchzehen und eine gehackte Zwiebel in mindestens 1 dl Olivenöl leicht dünsten. Eine Flasche pasteurisierte, passierte Tomaten dazugiessen und einmal aufkochen. Mit Salz, Pfeffer, einer abgeriebenen Zitrone und frischem Ingwer würzen und mit dem Mixstab intensiv aufmixen. Entweder in den Kühlschrank stellen oder vor dem Essen nochmals kurz aufkochen. Als Beilage Pariserbrotscheiben im Ofen oder im Toaster rösten, mit etwas Olivenöl einpinseln und einer Knoblauchzehe abreiben. Anstatt Tomaten könnte man auch ein anderes Gemüse kochen, pürieren und abschmecken. Der dritte Vorschlag ist eine Spur komplizierter, da man zum Schluss noch den Backofen braucht. Spinatsalat mit Eiervinaigrette und Chèvre chaud: jungen Spinat waschen. Für die Sauce in einem Schüsselchen Zitronensaft, Olivenöl, Salz, Pfeffer und zwei gekochte, gehackte Eier mischen. Pro Person 3 bis 4 getoastete Pariserbrotscheiben auf ein Backblech geben, mit Ziegenkäse belegen, pfeffern und mit Olivenöl beträufeln. Vor dem Essen die Brotscheiben im Ofen unter der Grillschlange rösten.

_In der Zwischenzeit den Salat in einer grossen Schüssel mit der Sauce sehr sorgfältig mischen. Dies ist absolut notwendig, damit der Salat gleichmässig gewürzt ist. Anschliessend auf die Teller verteilen und die Ziegenkäsebrötchen danebenlegen. Den Spinat kann man durch Rucola, Nüsslisalat oder Chicorino rosso ersetzen, den Ziegenkäse durch Taleggio, Mozzarella oder Brie de Meaux. Nicht teure Zutaten sind unseren Gästen wichtig, sondern zu spüren, dass sie liebevoll bekocht werden. Am Beispiel der Tomatensuppe sind es die kleinen Knoblauchbrötchen, mit denen Sie den Gästen Ihre besondere Aufmerksamkeit zeigen. Nicht nur grossartige Rezepte, sondern auch winzige Abweichungen vom Gewohnten können für den besondern Reiz eines Essens sorgen, Feigen anstatt der üblichen Melonen zum Parmaschinken oder Ingwer und Zitrone anstatt Basilikum in der Tomatensuppe.

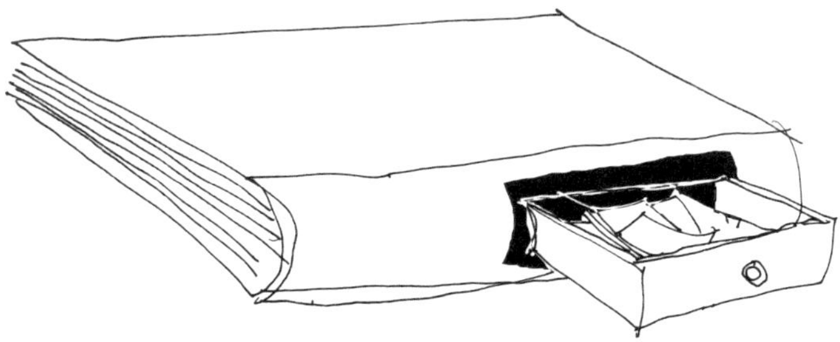

_ Übrigens, wenn Ihnen die Übung fehlt, lohnt es sich, die gelungenen Gerichte in ein Büchlein aufzuschreiben und in die Küchenschublade zu legen. So müssen Sie beim Menüstudium nicht jedes Mal von vorne beginnen. Natürlich gibt es heute in jeder Zeitung und Zeitschrift, im Fernsehen und im Internet unzählige Rezepte, die man ebenfalls sammeln kann. Aber die Erfahrung zeigt, dass diese meist ungelesen auf einem Stapel landen und im Ernstfall mehr Verwirrung stiften als nützen. In zwei Wochen werden wir uns um den Hauptgang des grossen «Trau dich!»-Menüs für Gäste kümmern.

trau dich (4)

_Das grosse «Trau dich!»-Menü für Gäste nimmt langsam Form an, nach der Vorspeise kommen wir heute zum Hauptgang. Auch hier mache ich Ihnen drei Vorschläge, aber vorab muss ich noch eine allgemeine Bemerkung loswerden: Wie wahrscheinlich alle meine Berufskollegen, mache ich die leidvolle Erfahrung, dass Freundinnen und Freunde Hemmungen haben, mich und meine Frau zu bekochen. Dass sie bei mir Hemmungen haben, kann ich noch irgendwie nachvollziehen, schliesslich ist Kochen seit 30 Jahren mein Beruf. Aber bei meiner Frau verstehe ich das überhaupt nicht. Nur, weil sie das Leben mit einem Koch teilt, kann sie doch kein Gramm besser kochen. Im Gegenteil beschränken sich ihre Kenntnisse auf zwei drei Gerichte, für den Fall, dass ich krank oder verunfallt bin. Und Gäste bekommen ohnehin immer dasselbe, nämlich die Hacktätschli mit Spätzli. Dabei sind wir beide dankbare Gäste und haben fast alles gerne, was frisch und hausgemacht ist. Nur etwas mag ich nicht: Ich bin nicht gerne ein Versuchskaninchen. Liebste Freunde, die etwas besonders Raffiniertes und Originelles ausprobieren wollen, setzen damit gnadenlos unsere Freundschaft aufs Spiel, denn meistens geht ein so ehrgeiziges Essen und damit auch der ganze Abend in die Binsen. Meine erste und wärmste Empfehlung lautet deshalb: Kochen Sie für Gäste nur Gerichte, die keinen Stress verursachen und die Sie schon mehrmals für sich ausprobiert haben. Hier meine drei Vorschläge:

_ Huhn mit Zitrone auf Kartoffeln und Zucchetti. Kaufen Sie das beste Huhn, auch die Grossverteiler haben ausgezeichnete Exemplare. Die Schnur entfernen, zwei Estragonzweige und wenig Butter zwischen die Haut und das Brustfleisch schieben. Die Bauchhöhle kräftig salzen und mit zwei Zitronenvierteln, einem Estragonzweig und einem schönen Stück Butter füllen. Zucchetti und geschälte Kartoffeln in 1 cm dicke Scheiben schneiden, auf einem Backblech verteilen, kräftig salzen und mit ein paar Butterflocken bestreuen. Das Huhn auf das Gemüse setzen und in den Ofen schieben. Den Ofen auf 200 Grad drehen und 45 bis 50 Minuten warten. Das Blech aus dem Ofen ziehen. Schenkel und Brüste je in vier Teile zerlegen und auf die Kartoffeln legen. Den Geflügelsaft und den Saft der ausgepressten Zitronenviertel darüber giessen. Soweit ist alles bereit bevor die Gäste eintreffen.

_Vor dem Servieren die Grillschlange des Ofens einheizen und das ganze Blech nochmals in den Ofen schieben, bis die Geflügelteile braun und knusprig sind. Direkt auf dem Blech servieren.

_ Der zweite Vorschlag, Rindfleisch in der Gemüsebouillon, beinhaltet eine deftige sowie eine elegante Variante. Zuerst die deftige Variante: Dazu benötigt man ein Stück, das mit Sehnen durchzogen ist, Schenkelfleisch, Schulterfilet oder den edleren Hohrücken. Das Fleisch kräftig salzen und zusammen mit einer grob gehackten Zwiebel sanft anbraten. Mit Wasser knapp bedecken, zwei Nelken und Lorbeerblätter beifügen und einmal aufkochen. Die Hitze so weit reduzieren, dass die Flüssigkeit nur noch leise vor sich hin simmert. Die Garprobe: Mit einer Gabel an der dicksten Stelle ins Fleisch stechen, es muss locker von der Gabel fallen und sich dabei anfühlen wie ein Pfirsich. Das dauert etwa 3 bis 4 Stunden. In der Zwischenzeit Kartoffeln, Rüebli, Sellerie und Lauch putzen, würfeln und gegen Schluss der Garzeit dem Fleisch beifügen und schön weich kochen. Sobald das Fleisch lind ist, die Bouillon mit Salz, Pfeffer und einem Schuss Sherry abschmecken. So weit ist alles bereit, lange bevor die Gäste eintreffen. Nun kommen noch drei pfiffige Extras, mit denen Sie die Gäste besonders erfreuen können. Im ersten Schälchen frisch geriebenen Meerrettich, mit etwas geriebenem Apfel und geschlagener Sahne mischen, im zweiten grobes Meersalz mit frischem Pfeffer und geriebener Zitronenschale. Ins dritte Schälchen einen erstklassigen grobkörnigen Senf füllen. Und falls Kinder dabei sind, gibts natürlich Ketchup. Vor dem Servieren das Fleisch im Topf nochmals kräftig aufkochen.

_ Die elegante Variante heisst «Filet am Schnüerli» oder Bœuf à la ficelle und funktioniert nach dem gleichen Prinzip, nur verwendet man Rindsfilet am Stück. Man kocht zuerst das Gemüse in Rindsbouillon weich und simmert kurz vor dem Essen das Filet unter dem Siedepunkt mit. Je nach Grösse und gewünschtem Garpunkt dauert das 15 bis 35 Minuten. Garprobe: Das Fleisch an der dicksten Stelle einschneiden und nachsehen.

trau dich (5)

_ Heute beschliessen wir das grosse «Trau dich!»-Menü für Gäste mit dem Dessert.

_ Aus unserem Restaurant weiss ich, dass sich die Menschheit ausser in Männlein und Weiblein in zwei weitere Untergruppen teilt, nämlich in Dessertmuffel und Dessertfreaks. Die Dessertmuffel sind auch mit den delikatesten Kreationen nicht zu verführen, für die Dessertfreaks sind Vorspeisen oder Hauptgerichte nur Vorspiel zum süssen Höhepunkt des Abends. Bewirtet man zu Hause Gäste, kommt dem Nachtisch zudem eine dramaturgische Funktion zu. Der Hauptgang ist abgeräumt, alle Gäste sind satt und es breitet sich eine träge Zufriedenheit am Tisch aus, zu der wohl auch der Wein seinen Teil beiträgt. Die Stimmung kippt zu diesem Zeitpunkt gerne ins Schläfrige und auch die Diaschau der letzten Ferien bringt nicht den ultimativen Kick. Jetzt ist der Moment gekommen, mit kleinen Naschereien die Lebensgeister wieder zu beleben. Um Dessertmuffel und Dessertfreaks gleichermassen wieder in Schwung zu bringen, servieren wir sowohl Käse, als auch eine Süssspeise. Ob Hart-, Halbhart- oder Weichkäse ist Geschmacksache, aber perfekt gereift und richtig temperiert muss er auf jeden Fall scin. Als Zürcher empfehle ich Ihnen natürlich die «natürli»-Käse aus der Zürcher Bergregion, den wunderbaren Käsestand «Le Fromager» von Daniel und Manon Minnig auf dem Mittwochmarkt in der Halle des Hauptbahnhofs und in Kilchberg und Adliswil die beiden «Chäs-Chäller» von Maren und Urs Reichen. Dazu können Sie frisch aufgeschnittene Feigen oder Kaki und ein köstliches Apfelbrot servieren. Den Käse sollten Sie unbedingt vor dem Essen aus dem Kühlschrank nehmen, damit er die richtige Temperatur bekommt. Für die Dessertfreaks schlage ich Ihnen drei sehr einfache Süssspeisen vor, die man alle bereits am Nachmittag vorbereiten kann (die Rezepte sind für 4 Personen berechnet). Himbeergratin: Eine Gratinplatte mit frischen Himbeeren belegen und zuckern. 2 dl geschlagenen Rahm mit vier Eigelb und Zucker mischen und darüber verteilen. Vor dem Servieren die Grillschlange im Ofen einheizen und die Himbeeren hellbraun gratinieren.

_ Anstatt Himbeeren passen für diesen Gratin auch Brombeeren oder Johannisbeeren, frische Feigen, halbierte Aprikosen oder Pfirsichscheiben. Zweiter Vorschlag, Orangensalat mit Datteln, Pinienkernen und Limetten: 2 Orangen schälen und in feine Scheiben schneiden, mit etwa 8 fein geschnittenen Datteln, 1 EL

Pinienkernen, 1 EL Honig und dem Saft und der abgeriebenen Schale einer Limette mischen und bis zum Servieren in den Kühlschrank stellen. Dritter Vorschlag, Passionsfruchtmousse: Saft und Kerne von 4 Passionsfrüchten mit 1,5 dl Passionsfruchtsaft, 250 g Mascarpone, ca. 2 EL Zucker und 2 dl flüssigem Rahm mischen und wie Schlagrahm zu einer schaumigen Mousse aufschlagen. In einer Schüssel bis zum Servieren in den Kühlschrank stellen. Es gibt immer wieder Hobbyköche, die meinen, dieses Rezept «verbessern» zu müssen, indem sie den Rahm separat aufschlagen. Tun Sie das nicht, denn mit grosser Wahrscheinlichkeit wird die Mousse nicht mehr schön binden.

_ So, damit ist mein kleiner Crash-Kochkurs für Leute mit schwachem Selbstvertrauen am Kochherd beendet. Wenn ich kürzlich geschrieben habe, dass ich mir manchmal beim Schreiben dieser Kolumnen einen bestimmten Leser oder Leserin vorstelle, dann ist es diesmal die Fantasie von vielen vergnügten Tafelrunden, die gemeinsam einen entspannten und angeregten Abend verbringen ohne gestresste und entnervte Gastgeber in der Küche.

der beste zopf

_ Am letzten Sonntagmorgen stieg in unserer Küche ein verführerischer Duft nach frischem Butterzopf in meine Nase, wie ich ihn seit langem nicht mehr erlebt hatte. Er erinnerte mich an die köstlichen Sonntagszöpfe meiner Kindheit. Nun möchten sie sicher wissen, wo ich diesen Butterzopf gekauft habe Das werde ich Ihnen aber nicht verraten, weil es für mein tolles Riecherlebnis keine Rolle spielt. Nein, selbst der wunderbare Zopf meines Quartierbäckers vermag meine Nase normalerweise nicht derart zu kitzeln. Der Grund war vielmehr, dass ich vorher fünf Tage gefastet hatte, fünf Tage nur gewürztes Zitronenwasser: Saft von sechs Zitronen vermischt mit drei Spritzern Tabasco, einem Esslöffel Honig und 1,5 Liter Wasser. Dieses Rezept verriet mir übrigens ein Bekannter, den ich sonst als Feinschmecker und Bonvivant einschätze.

_ Da ich in meinem Restaurant den ganzen Tag über von den besten Lebensmitteln umgeben bin, ständig irgend etwas probieren muss, kommt immer mal wieder der Moment, wo mir nichts mehr wirklich schmeckt, wo ich mir nur noch weisse Spaghetti koche, weil ich nicht mehr weiss, was ich essen soll und für unser Restaurant keine Weine mehr degustieren kann, weil mir selbst die besten Weine alle gleich schmecken.

_ Seit Jahren schalte ich dann eine Fastenzeit ein, um die Sinne wieder zu schärfen und die Lust am Essen wieder zu spüren. Jeder, der schon einmal gefastet hat, weiss, dass das Hungergefühl nach etwa zwei Tagen weitgehend verschwindet. Das grosse Problem wird dann die Langeweile und Leere im Mund, welche dazu führt, dass die Versuchung zu naschen wächst. Mit dem süss-sauer-pikanten Zitronenwasser sind die Geschmacksknospen genügend beschäftigt, und das Fasten wird sehr erträglich, sogar angenehm, denn man fühlt sich dabei frisch und fit. Vor allem erwachen die Sinne: Die Blumen, die Lindenbäume und die Wiesen riechen viel intensiver – allerdings auch die Autoabgase. Beginnt man wieder leicht zu essen, wird der erste Salat oder der erste Apfel ein kulinarisches Erlebnis, wie man es ganz vergessen hat.

_ Als ich an besagtem Sonntagmorgen in der Küche meinen Kaffee zubereitete, der natürlich auch ganz herrlich duftete, kam ich auf folgenden Gedanken: Wir klagen doch häufig, die Erdbeeren schmeckten nicht mehr wie früher, die Poulets seien so fad und Grossmutters Sonntagsbraten von damals sei nach wie vor unvergessen und unübertroffen. Es könnte doch sein, dass diese Köstlich-

keiten damals nur viel intensiver schmeckten, weil sie sehr selten waren und unser Gaumen noch weniger verwöhnt war: Im Winter gab es Lagerobst und Kompott, also waren die ersten frischen Beeren eine Sensation. Unter der Woche gab es jeden Abend Kaffee complet, also war das Güggeli am Sonntag ein Festessen. Unsere Sinne werden heute mit den vielfältigsten Aromen und intensivsten Düften aus der ganzen Welt und aus der Aromaindustrie täglich derart verwöhnt und gesättigt, dass für besondere Gelegenheiten gar keine Steigerung mehr möglich ist. Für uns Köche wird dies zunehmend zu einem Problem. Denn die Gäste kommen verständlicherweise immer noch mit der Erwartung in ein Restaurant, etwas ganz Besonderes zu erleben. So können Spitzenköche nicht nur einfach einen guten Lachs servieren, sondern müssen ihn in fünf Variationen servieren. Das Gemüse wird nicht nur gekocht oder geschmort, sondern zu Türmchen, Körbchen Schiffchen und anderen Kunstwerken verarbeitet. Zum Nachtisch genügt ein guter Kuchen oder eine luftige Creme längst nicht mehr. Ein Dessertteller ist vielmehr ein wahres Feuerwerk an Farben und Formen und Aromen, oft mit bewundernswertem Fleiss hergestellt, manchmal mit verblüffenden Effekten sogar.

_ Trotzdem, nach fünf Tagen Zitronenwasser ist ein reifer, weisser Pfirsich ein unvergleichlich grösserer Genuss – garantiert! Mein erstes Mahl, das ich nach den Fastetagen mit Begeisterung genoss war ein Salat:

(aus neuen Kartoffeln und Blumenkohl)

lauwarmer salat

_ Neue Kartoffeln, weich gekocht und in Scheiben geschnitten, Blumenkohlröschen ebenfalls sehr weich gekocht. Beides lauwarm gemischt mit etwas Apfelessig, Kaffeerahm, gehackten Frühlingszwiebeln und Kerbel, Maggiwürze, Aromat, Salz, frischem Pfeffer und einem gehackten, weichen Ei.

grossmutterart

_Ich bin immer wieder überrascht, wie viel in Zeitschriften, Magazinen und sonstigen Blättchen über Kochen und Essen geschrieben wird. Leider verstehen die Autoren oft mehr vom Schreiben als vom Kochen und Essen, und ihre Texte sind gespickt mit kulinarischen Modewörtern und Worthülsen. Eine beliebte Worthülse ist die gute, alte Grossmutterküche. Aber wie das mit Hülsenfrüchten eben so ist, sie werden mit dem Alter nicht besser. Von welcher Grossmutter ist denn da die Rede? Ich selber zum Beispiel könnte gut und gern Grossvater sein, und die Hits meiner Kindheit waren Riz Casimir mit Brätkügeli, Toast Hawaii und Fondue chinoise. Es war die Zeit der ersten Kühlschränke und der Erfindung von Tetrapak und Supermarkt. Damit wird Grossmutterküche kaum gemeint sein.

_Zur Zeit meiner eigenen Grossmutter, der Urgrossmütter von heute also, waren Beutelsuppen und Gemüsekonserven die kleinen Helfer der arbeitsgeplagten Hausfrauen. Frischen Fisch gabs nicht, frisches Fleisch selten. Wenn man keinen Bauern- oder Schrebergarten besass, war auch frisches Gemüse keinesfalls leicht erhältlich. Gehen wir noch weiter zurück und blättern in Kochbüchern des 19. Jahrhunderts, wird der Speisezettel, verglichen mit heutigen Ansprüchen, spartanisch. Vergessen wir also die Grossmutterküche! Jede Zeit hat ihre Küche, und es passt in die unsere, dass im Supermarkt tiefgefrorene Fertiggerichte «nach Grossmutterart» angeboten werden, die im Mikrowellenofen aufgewärmt werden können.

_Aus der Zeit meiner Kindheit kenne ich ein phänomenales Kochbuch, das ich auch heute noch in vielen Fällen zu Rate ziehe, das Fülscher-Kochbuch. Da steht alles drin, was die Köchin wissen muss: die Zubereitung von Essiggemüse und Maibowle, von Sukiyaki und Müüslichüechli, von Ofenküchlein und Fasnachtsküchlein. Eine kurze Biografie dieses gastronomischen Wunderwerks: Im Jahr 1923 erschien das Kochbuch von Anna Widmer, das ihre Schülerin Elisabeth Fülscher nach deren Tod im Jahre 1930 bis zu ihrem eigenen Tod 1970 ständig überarbeitete und weiterentwickelte. 1931 eröffnete Fülscher zudem in Zürich ihre eigene Kochschule, die 1968 von der legendären Agnes Amberg übernommen wurde. Zurzeit befindet sich das Fülscher-Kochbuch auf Verkaufsrang 88 958 der Internetbuchhandlung amazon.de, in der 13. Auflage mit 178 000 verkauften Exemplaren. Das Buch enthält rund 1700 Rezepte und eine Unzahl äusserst nützlicher Tipps rund um das Einkaufen und Kochen. Mit dieser Fülle an Kochwissen aus einem halben Jahrhundert könnte man eine halbe «Betty Bossi»-Bibliothek füllen. Das Fülscher-Kochbuch gibt einen umfassenden Überblick über die Küche der ersten sechzig Jahre des letzten Jahrhunderts und ist auch für den Anfängerkoch brauchbar. Allerdings nur für den ernsthaft beflissenen. Denn Elisabeth Fülscher geht dem Kochen auf den Grund. In vielen Rezepten wird auf ein Grundrezept verwiesen, das man zuerst ebenfalls studieren muss, bevor man mit dem Kochen beginnen kann. Einzelne Rezepte gleichen einer wahren Schnitzeljagd durch verschiedene Vorrezepte, bis man endlich ans Ziel gelangt. Nichts also für Köche, die es gewohnt sind, auf der Kochbuchseite oben links mit Lesen und Kochen zu beginnen und unten rechts ein fertiges Gericht auf den Tisch zu zaubern. Es ist insofern also eine Grossmutterküche, als sie weder «fast» noch «convenient» war, sondern ein bisschen mehr an Zeit und Aufmerksamkeit erforderte. Aber dies ist wohl bei jeder guten Küche der Fall.

(aus dem Fülscher-Kochbuch, Rezept Nr. 1727)

tomatenketchup

_ 2 kg reife Tomaten, 4 rote Peperoni, 4 Zwiebeln, 4 Schalotten, etwas frischer Majoran, 25 g Rohzucker, 1 TL Salz, 2 dl guter Rotweinessig. Tomaten und Peperoni schälen, entkernen und in Schnitze schneiden. Mit den restlichen Zutaten und etwas Wasser möglichst lange einkochen, bis alles weich und breiartig dick ist. Die Masse mixen und durch ein Sieb streichen. In Bülacherflaschen abfüllen und mit wenig Öl bedecken. Verschlossen und kühl aufbewahren.

comment – comment?

_ Adolf Freiherr von Knigges Anstandsregeln sollen laut Trendscouts und Lifestyleexperten wieder gefragt sein. Beim Anblick der vielen gähnenden Mäuler auf den Strassen, begrübelten Nasen im Tram und läutenden Handys in Restaurants, zweifle ich allerdings daran, auch wenn die dazugehörenden Personen in schicken Anzügen von Armani oder Jill Sander stecken. Ganz generell passt der angebliche Trend zu mehr Comment nicht zur allenthalben postulierten Forderung nach Förderung der Schnelleren, Klügeren, Kräftigeren und Reicheren. Gutes Benehmen hat mit Höflichkeit und Rücksichtnahme zu tun und ist erst in zweiter Linie eine Frage der Benimmregeln, das berühmte Buch heisst ja auch: «Über den Umgang mit Menschen». Doch was moralisiere ich hier, und was hat Comment um Himmelswillen mit Kochen und Essen zu tun?

_ Kürzlich war ich mit einer viel jüngeren Freundin in einem veritablen Spitzenrestaurant essen. Normalerweise verkehrt sie nicht in solchen Etablissements und ich lernte die lebenslustige und selbstbewusste Frau von einer ganz neuen Seite kennen, ratlos und eingeschüchtert angesichts des vornehmen Stils und der ungewohnten Umgangsformen im eleganten Gourmettempel. Anstatt das wunderbare Essen und die exzellenten Weine geniessen zu können, drohte der Abend in eine Prüfung im Fach «Kinderstube» zu kippen. Darin lag übrigens auch der Sinn der ganzen Benimmregeln: Die stil- und klassenbewusste Oberschicht wollte sich damit von der «unkultivierten» Masse abgrenzen.

_ Ich erzähle dies deshalb, weil viele Leute genau aus diesem Grund gute Restaurants meiden und einfache Lokale bevorzugen, in denen sie keinen Benimmstress empfinden. Meine Freundin entspannte sich glücklicherweise relativ schnell, als ich sie darauf hinwies, dass heute steinreiche Milliardäre Nobellokale in Turnschuhen und Jeans betreten und das Publikum von Luxushotels manchmal kaum vom Publikum einer Imbissbude zu unterscheiden ist. Mit der Durchlässigkeit der sozialen Schichten ist auch der Benimmcode relativ geworden. Es ist heute eher die aufsteigende Mittelschicht, welche mit zunehmendem Reichtum die Welt des Luxus betritt und sich um Stilfragen sorgt. Wirklich privilegierte Menschen leisten sich den Luxus, sich nicht um Stilfragen zu kümmern. Schliesslich geht man zum Vergnügen und um sich wohl zu fühlen in ein Restaurant, und man bezahlt dafür einen schönen Batzen Geld. Warum soll man sich also von arrogantem Servicepersonal oder irgendwelchen Gourmetregeln einschüchtern lassen?

Es ist eine absurde Verdrehung der Situation, wenn Gäste meinen, es dem Personal recht machen zu müssen. Also keine falsche Scheu, essen Sie guten Mutes mit der erstbesten Gabel und trinken Sie aus dem erstbesten Glas, auch wenn es vielleicht anders gedacht war. Wenn Sie Lust haben, bestellen Sie Rotwein zum Fisch, eine Cola zum Salat oder Pommes frites zum Kalbsfilet. Und selbst in einem Toprestaurant erwarte ich, dass eine Flasche Ketchup bei Bedarf zur Verfügung steht. Ein Restaurant mit Krawattenzwang würde ich niemals besuchen, weil mit Sicherheit auch die Küche hoffnungslos veraltet ist. Falls es allzu lange dauert, bis das Essen kommt, was ja immer mal passieren kann, akzeptiere ich die Ausrede nicht, es sei alles frisch zubereitet. Das ist nicht mein Problem, sondern eine Frage der Küchenorganisation. Überhaupt erwarte ich Flexibilität, umso mehr, je teurer das Lokal. Ich will die Beilagen austauschen können, ebenso die einzelnen Gänge der Menüs. Auch wenn sie vom Chef als Kunstwerke komponiert sind, ich möchte selber entscheiden können, was und wie ich esse. Aus dem obenerwähnten Gourmettempel habe ich die Idee für folgendes Rezept mitgenommen:

(mit feinem Mittelmeergemüse)

filet de loup de mer

_ Je 1 EL fein gehackte rote Peperoni, Zucchetti und Schalotten und 1 gehackte Knoblauchzehe in etwas Olivenöl weich dünsten. Je 1 KL gehackte Oliven, Kapern, Zitronenthymian und Zitronenfilets und die abgeriebene Schale der halben Zitrone beifügen. Gut erhitzen und mit Salz und Pfeffer abschmecken. 4 Loup de mer-Filets (120 – 140 g) würzen und auf der Hautseite in Butter und Olivenöl knusprig braten. Mit der weissen Seite nach oben anrichten und das feine Gemüse entlang dem Mittelgrat daraufhäufen.

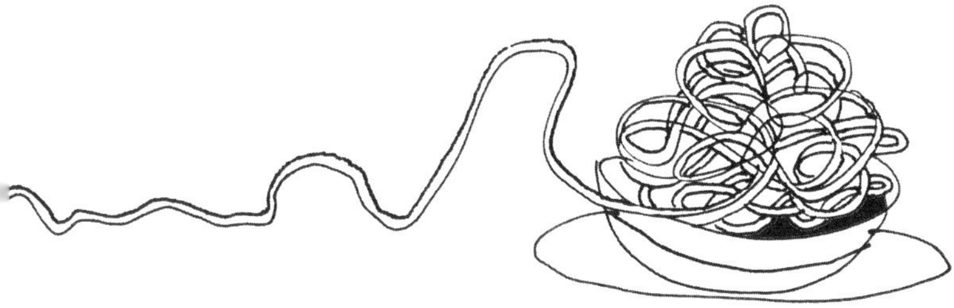

3-stern-sparen

_ «Lieber Peter Brunner! Nach einem Glas Roten (Carinena Reserva 1998) bin ich so weit locker für ein paar Gedanken zu Ihrer neuen Kolumne im züritipp. Dass der richtige Nüsslisalat seinen Preis hat, begreife ich. Nur: Was raten Sie jenen Leuten, die sich mangels Einkommen solche Sachen, die ihren Preis haben (Lammkottlett usw.) nicht leisten können? Werktags Grümpelfood, sonntags was Gutes? Herzlich, René Peter»

_ Lieber René Peter, Ihre Frage trifft einen fundamentalen Punkt meiner Kochphilosophie und damit meines Kochberufs: Qualität ist nicht dasselbe wie Luxus – und Genuss oft das Gegenteil. Ich persönlich suche die Qualität in der Einfachheit. Machen wir doch einen kleinen Test. Welche Vorstellung lässt Ihnen das Wasser im Munde zusammenlaufen? – Bei mir sind es frisches Pariser Brot, erstklassige Spaghetti, die Hacktätschli meiner Frau und dazu mein Kartoffelstock, frische Gartenerbsen oder eine gebrannte Creme. Alles einfache Gerichte mit günstigen Rohprodukten, auch wenn man sie in Topqualität kauft. Diesen Test habe ich schon oft mit Gästen gemacht und etwa zwei Drittel reagierten genau gleich. Man kann also durchaus Gutes finden, das sich in der Schweiz jede Familie auch werktags leisten kann.

_ Verglichen mit den Fertigsalatsaucen ist jede hausgemachte Sauce spottbillig, zum Preis der fertig geschnittenen Salate von Betty Bossi können Sie beim Gemüsehändler die allerteuersten Salate kaufen. Die allerbeste Freilandpoularde kostet in der Migros weniger, als Big Macs für die ganze Familie. Natürlich gibt das alles mehr Arbeit und damit komme ich zu einem weiteren Problem: Gerade Familien mit wenig Geld haben oft auch wenig Zeit zum Kochen. Dazu habe ich zwei Dinge zu sagen: Als Kinder mussten wir im Haushalt selbstverständlich mithelfen. Das Eine putzte alle Schuhe, das Andere wusch ab, das Dritte trocknete ab. Ich selbst half meiner Mutter natürlich liebend gerne beim Teig kneten oder Fotzelschnitten braten und war schon früh für das Sonntagsessen zuständig. In einer modernen Familie läuft das natürlich ganz anders, trotzdem scheint es mir durchaus sinnvoll, wenn Kinder bei den Arbeiten rund um das Essen einbezogen werden. Der zweite Punkt ist die Organisation, etwas, das ich in meinem Beruf mühsam erlernen musste, denn auch wir Köche müssen bei der Arbeit sparen, damit das Essen für unsere Gäste nicht unermesslich teuer wird. Heute ist alles überall und sofort erhältlich, und so ist es nahe liegend, von der Hand in den Mund zu leben. Auf dem Heimweg überlegt man sich schnell, was man kochen könnte, geht in den nächsten (sicher nicht den billigsten) Laden und kauft, was zu Hause schnell zubereitet ist. Auf diese Weise können in der Tat nur Leute mit viel Geld gut essen. Ein Haushalt mit schmalem Budget, vielen Essern und wenig Zeit muss wohl organisiert sein. Hier ein paar konkrete Tipps aus meiner Berufserfahrung: Planen Sie die Mahlzeiten im Voraus. So können Sie die Kartoffeln zum Fisch am Freitag gleich mit den Röstikartoffeln zum Sonntagsbraten zusammen kochen. Es gibt noch einen weiteren Grund für eine gute Planung. Viele gute und gleichzeitig günstige Gerichte benötigen zwar wenig Arbeit, aber eine lange Kochzeit: Dörrbohnen, Polenta, Schmorbraten. Diese Gerichte kocht man am besten im Voraus zu einem Zeitpunkt, wo man das Kochen nebenbei überwachen kann. Weiter: Die Rüstabfälle von Gemüse werfen Sie einmal pro Woche in einen grossen Topf und kochen in 10 Minuten eine Gemüsebouillon, welche die ganze Woche für alles mögliche im Kühlschrank bereitsteht und keinen Rappen kostet. Von Ihrer Lieblingssalatsauce stellen Sie jeweils gleich 10 Liter her und füllen sie in Petflaschen ab. Je nach Zusammensetzung hält sie im Kühlschrank oder im Keller 2 bis 3 Wochen. Ebenso werden die Desserts einmal für viele Male zubereitet: Der Tiefkühler meiner doch schon älteren Mutter ist derart gut mit selbstgemachten Süssspeisen bestückt, dass sie ihren Gästen jederzeit 4 bis 5 verschiedene Desserts anbieten kann. Natürlich will auch der Einkauf wohl überlegt sein. Ein wöchentlicher Grosseinkauf ist billiger, als die tägliche Herumrennerei, und in der Saison lassen sich spottbillig und kiloweise wunderbare Tomatensaucen, Basilikumpesto und Fruchtspeisen einfrieren. Jetzt kommt natürlich noch das Platzargument. Jede grössere Familie verfügt doch heute über Tiefgefriermöglichkeiten. Ich weiss aus eigener Erfahrung, wenn Sie da mal allen Grümpel und den ganzen Junkfood wegschmeissen, haben sie plötzlich erschreckend viel Platz – garantiert!

rinderwahnsinn

_ Ich begegne Dieter «Yello» Meier ab und zu, weil einer seiner Arbeitsplätze in Nachbarschaft der Reblaube liegt. So hat er mir kürzlich erzählt, dass er jetzt auch Rindfleisch von seiner Estancia in Argentinien importiert, wo der Gentleman-Cowboy mehrere Tausend Rinder besitzt. Um sein Rindfleisch importieren zu können, braucht er ein Importkontingent. Diese Kontingente sind auf weniger als eine Hand voll Fleischhändler verteilt, die damit den Schweizer Rindfleischmarkt beherrschen. Darüber hinaus muss er, wie jeder andere Fleischimporteur auch, für jedes Kilo Rindfleisch 24 bis 26 Franken Zoll bezahlen. Wenn man bedenkt, dass ich für ein Kilo Rindsfilet aus Brasilien weniger als 50 Franken bezahle und davon auch noch der Zwischenhändler und der Transporteur und der Metzger bezahlt werden, kann man sich vorstellen, wie wenig noch für die Brasilianer übrig bleibt – auf jeden Fall viel weniger, als wir am Zoll verdienen. Dieser Zoll wird erhoben, weil die Schweizer Rindfleischproduzenten sonst auf ihren Filets sitzen bleiben würden, und zwar ganz einfach, weil sie weder preislich noch qualitativ mithalten können.

_ Ich habe ein Entrecôte aus Dieter Meiers Zucht gegessen und war hingerissen, einfach göttlich! Noch nie habe ich in Zürich ein annähernd gleich gutes Fleisch genossen. Welch herrlich kerniges Aroma, welch zarte Saftigkeit. Und natürlich voll Bio-Freilandqualität. In meinem Restaurant beziehen wir Filets aus Neuseeland, die ebenfalls ganz hervorragend sind und einiges teurer als Schweizer Rindsfilet. Es liegt also nicht allein am Preis, sondern auch an der Qualität, dass sich Schweizer Rindfleisch so schlecht verkauft. Viele Feinschmecker sind beispielsweise bereit, für US-Beef doppelt so viel zu bezahlen wie für Schweizer Fleisch. Dank Import- und Preisschutz können die Produzenten total am Markt vorbeiproduzieren. Natürlich gibt es auch gutes Schweizer Rindfleisch von Rinderzüchtern und Metzgern, die sich ernsthaft um Qualität bemühen. Aber es ist eine verschwindende Minderheit, die sich in einem äusserst schwierigen Umfeld behaupten muss. Die Metzgerei Reif an der Plattenstrasse in Zürich ist ein solches Beispiel, sie importiert das Fleisch von Dieter Meier und führt übrigens auch Porco fidelio und KAG-Freilandhühner.

_ Wir haben eine ähnliche Situation, wie wir sie bis vor kurzem auch beim Weisswein und beim Käse vorfanden: Aber mit der erzwungenen Öffnung der Grenzen kam es hier zu einem ungeheuren Qualitätsschub, weil man gezwungen war, sich gegen die ausländische Konkurrenz zu behaupten.

_ Ich weiss, dass das Thema Landwirtschaftspolitik ein äusserst komplexes ist. Es stört mich jedoch, dass verkrustete Strukturen und überkommene Interessenverflechtungen die Suche nach Lösungen behindern und die Interessen von uns Feinschmeckern kaum berücksichtigt werden.

_ Doch kommen wir zum praktischen Teil: Wie erkennt man ein gutes Stück Rindfleisch im Laden? Dies ist nicht ganz einfach, Fleischeinkauf ist letztlich Vertrauenssache. In den Grossverteilern sind die Fleischverkäufer oft ungelernt und haben selber keine grosse Ahnung. Der Aufwand, sich einen vertrauenswürdigen Metzger zu suchen, lohnt sich auf jeden Fall. Ein gutes Rindsfilet oder Entrecôte darf nicht zu mager sein, sondern ist von feinen Fettäderchen durchzogen. Wenn es saftig aussieht, ist es keineswegs saftig, sondern zu wenig gelagert. Es soll eher dunkelrot aussehen; wenn die Aussenseite dunkel bis schwarz ist, deutet dies auf eine erstklassige Lagerung hin. Bei gut gelagertem, mürbem Fleisch bleibt ein Fingerabdruck lange sichtbar. Sehr oft sind Rindfleischaktionen besonders gut gelagert und deshalb empfehlenswert.

_ Zum Schluss gebe ich Ihnen ein leicht vereinfachtes Rezept von meinem Freund Martin Surbeck. Er kocht im Frohsinn in Arbon und ist für mich einer der interessantesten Köche der Schweiz.

(auf lauwarmen Kartoffeln mit Crème fraîche)

mariniertes rindsfilet

_ Ein etwa 100 g schweres Rindsfilet hauchdünn klopfen und beidseitig mit Olivenöl einpinseln. Kleine neue Kartoffeln weich kochen und heiss in Scheiben schneiden. Crème fraîche mit gehacktem Schnittlauch und wenig Salz würzen und mit den Kartoffeln vermengen. Den warmen Kartoffelsalat auf sehr heisse Teller geben und mit dem Rindsfilet völlig zudecken. Mit grobem Meersalz und frisch gemahlenem Pfeffer bestreuen und sofort servieren.

pfiffigkeiten

_ Ab und zu werde ich von Gästen gefragt, woher meine neuen Ideen kämen. Ich erinnnere mich an meine Mutter, leicht verzweifelt ausrufend: «Was soll ich heute auch wieder kochen!» Tatsächlich bewundere ich berufstätige Eltern, die nebenbei täglich ihre Familie frisch, gesund und abwechslungsreich bekochen. Vor allem, wenn das eine Familienmitglied kein Lamm, das andere keinen Fisch mag, das dritte eben Vegetarierin geworden ist und das vierte Eiweissbomben für sein Bodystyling benötigt. Bei den wechselnden Tagesgerichten taucht bei mir diese Frage ab und zu auch auf, aber im Allgemeinen sind neue Ideen eines meiner kleineren Probleme. Die wechselnden Jahreszeiten geben mir immer wieder Anregungen und ausserdem habe ich mir einen Trick zugelegt, der mir hilft und den ich Ihnen gerne verrate. Tatsächlich verfügt ja jeder Koch über eine Auswahl an Gerichten, die er besonders mag, gerne und gut kocht und die von seinen Gästen besonders geschätzt werden. Diese Auswahl ist nicht einmal besonders gross. So koche ich zu Hause für meine kleinen Freundinnen Anna und Nora immer entweder frische Spätzli oder Brätchügeli.

_ Auch in unserem Restaurant funktioniert es so. Wenn ich eine neue Karte zusammenstelle, weiss ich im Voraus genau, welche Gerichte ein Renner werden. Trotzdem wünschen die Gäste auch Abwechslung. Und hier kommt mein Trick zum Zug: Es braucht nur ganz kleine, oft winzige Variationen, um einem bekannten Gericht einen neuen Dreh, einen kleinen Kick zu geben. «Classical with a little twist», nennt der Londoner Koch Heston Blumenthal diese Küche, eine anschauliche Umschreibung, wie ich finde. Ich habe mir inzwischen eine kleine Sammlung solcher «Twists» angelegt, mit denen sich wunderbar spielen lässt. Ich gebe ihnen gerne ein paar Beispiele: Kartoffelstock, eine meiner Leibspeisen, passt wunderbar zu Fisch, wenn man ihn mit fruchtigem Olivenöl anstatt Butter verfeinert. Eine weitere Drehung erzielt man, indem man das Olivenöl zuerst mit fein gehacktem Rosmarin kräftig aufmixt und anschliessend durch ein Sieb streicht. Selbstverständlich funktioniert dies auch mit anderen Kräutern. Oft mische ich aber den Kartoffelstock auch mit einem fünftel Sellerie- oder Pastinakenpüree, was hervorragend zu geschmortem Fleisch oder Lamm passt. Oder ich lege ein paar Riesenpommeschips bei, die ich in Bratbutter ausgebacken habe.

_ Twists, die sich besonders für Gemüse, aber auch für Fische eignen, sind die verschiedenen Gewürzsalze. Man nimmt dazu das milde «Fleur de Sel» und mischt es beispielsweise mit fein geraspelten Zitronen- oder Orangenschalen oder mit fein gehackten Schalotten und Majoran, oder mit zerdrückten Korianderkörnern. Dieses Gewürzsalz streut man vor dem Servieren über das fertige Gericht.

_ Eine weitere Idee besteht darin, einem weichen Gericht etwas Knackiges beizufügen. Risotto mit Canellibohnen oder grob gehackten Cashewnüssen, ein Fischtatar mit einem knusprigen Strudelteig, eine Seezunge mit frischen Semmelkrümeln paniert. Apropos Panieren: Es lohnt sich unbedingt, das Panierbrot selber herzustellen, und zwar aus frischem Weissbrot. Und auch hier gibt es wieder den kleinen Dreh: Man mischt das Panierbrot mit gemahlenen Wacholderbeeren oder Kardamomkörnern oder gibt wiederum ein wenig abgeriebene Orangenschale dazu, oder grob gemahlenen Pfeffer und Rosmarin. Eine weitere Spielerei sind die verschiedenen Säuren, warum immer nur der übliche Essig oder Zitronensaft? Allein an Essigen gibt es neben dem unsäglichen Balsamico unzählige Variationen. Für gewisse Gerichte passt auch Grapefruitsaft oder besonders apart, Passionsfruchtsaft und immer wieder das herrliche Aroma von grünen Limonen. Deren Schalen harmonieren übrignes wieder mit unserem Kartoffelstock. Und so lässt sich dieses Spiel endlos weitertreiben.

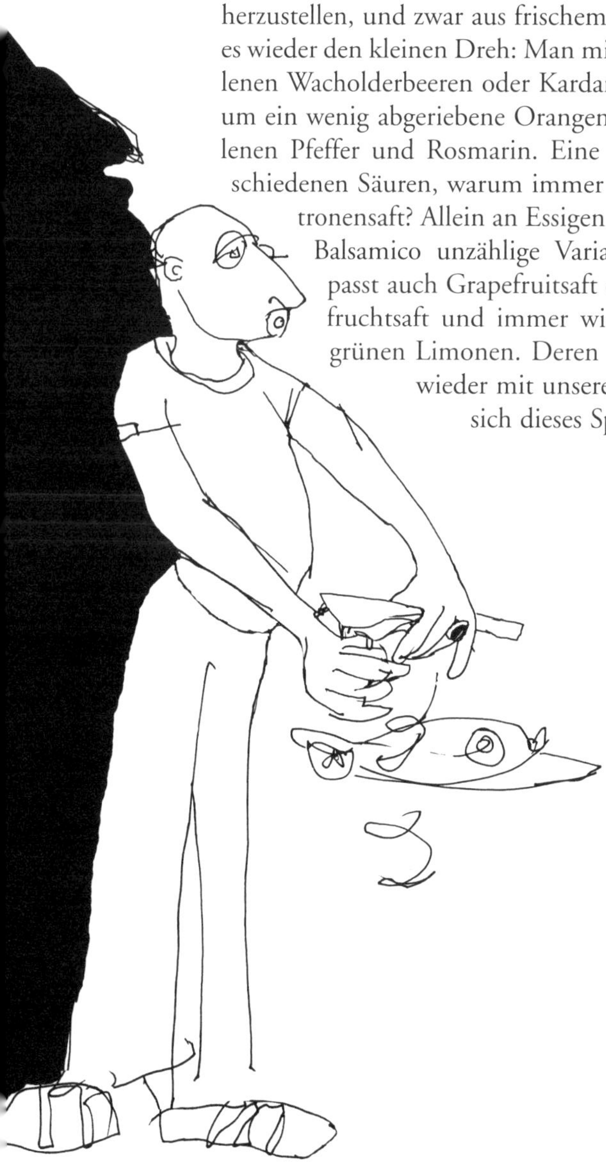

(im knusprigen Speckteig)

thunfischtatar

_ 300 g topfrischer, eiskalter Thunfisch, grob gehackt, 2 Schalotten, sehr fein gehackt, 2 EL Olivenöl, je 1 Zweig Kerbel, Dill, Estragon, gehackt, 1 Ei gekocht, fein gehackt, wenig Zitronensaft und Schale, Salz und frisch gemahlener Pfeffer. Alle Zutaten mischen und kräftig abschmecken. 1 Blatt Strudelteig, 100 g Speckwürfel. 8 Rondellen aus dem Strudelteig ausstechen und im ausgelassenen Speck hellbraun braten. Das Tatar zwischen den Speckteigrondellen anrichten.

hähnchen im gas

_ Immer häufiger fragen unsere Gäste nicht nur nach der Qualität unserer Rohprodukte, sondern auch nach der Herkunft: Ist das Gemüse biologisch produziert? Auch für uns Köche ist das eine wichtige Frage. So kaufen wir das meiste Gemüse von den Bauern auf dem Bürkliplatz, beziehen den Käse aus der Zürcher Bergregion und erkundigen uns bei den Fischbestellungen nach dem Ursprungsland. Bereits bei den Fischen wird es jedoch kompliziert. Am liebsten nur wild gefangenen Fisch kaufen, aber das Mittelmeer und die Nordsee sind leer gefischt, auch die Italiener, Spanier und Deutschen müssen deshalb den grössten Teil ihrer Fische aus Oman, Neuseeland oder Chile importieren.

_ Geht diese Entwicklung so weiter, werden nach einhelliger Meinung der Fachleute die Weltmeere in fünf bis zehn Jahren leer gefischt sein. Aus diesem Grund haben Fischzuchten weltweit in den letzten Jahren enorme Zuwächse erzielt, allerdings mit Qualitätsunterschieden. Wir alle kennen die unappetitlichen Beschreibungen von Lachszuchten, wo die Fische mit Antibiotika gedopt im eigenen Kot schwimmen. Mehr und mehr entstehen aber tier- und naturgerechte Fischzuchten. Deren Bewirtschaftung ist jedoch so aufwändig, dass ein Salm oder Steinbutt aus der Zucht nahezu gleich viel kostet wie ein wild gefangener.

_ Ein anderes Beispiel: Jährlich werden allein in der Schweiz etwa zwei Millionen (!) männliche Kücken vergast, aus folgendem Grund: Für den Nachschub von Legehennen werden junge Hennen benötigt. Beim Ausbrüten gibt es natürlicherweise ebenso viele Hähnchen, die für die Eierproduktion nicht brauchbar sind, sich aber auch nicht zur Mast eignen. Also werden die männlichen Kücken vergast. Nun hat die KAG, eine Vereinigung für tiergerechte Nutztierhaltung, zusammen mit Geflügelproduzenten eine Hühnerrasse gezüchtet, die sich sowohl zur Eierproduktion als auch als Mastgeflügel eignet. Nur wächst diese Rasse viel langsamer als herkömmliches Mastgeflügel, braucht deshalb mehr Futter und wird zudem nicht industriell, sondern, weniger schmerzhaft, einzeln geschlachtet. Die Folge davon ist, dass ein halbes Poulet so viel kostet wie ein Rindsfiletsteak. Und hier setzt nun mein Dilemma an. Ich würde sehr gerne glückliche Hähnchen im Restaurant anbieten, nur weiss ich leider aus Erfahrung, dass kaum jemand bereit ist, diesen saftigen Aufpreis zu bezahlen. Im Gegenteil: Der grösste Teil unserer Gäste reagiert völlig verständnislos. Den Geflügelzüchtern darf man daraus keinen Strick drehen, denn solange wir Billigpoulets aus China, den USA und Ungarn kaufen, sind sie diesem enormen Konkurrenzdruck machtlos ausgeliefert. So werden wohl weiterhin in der Schweiz jedes Jahr Millionen von Kücken vergast werden – und diese Vorstellung finde ich eigentlich unerträglich.

_ Wo liegt der Unterschied, ob die Kücken vergast oder als Masthähne verspeist werden? Ich denke, es ist die Sinnlosigkeit, die Unnatürlichkeit dieses Vorgangs. Wenn wir ein Poulet verspeisen, dient dies immerhin unserer Ernährung, was sich in der Natur milliardenfach wiederholt. Übrigens tragen auch Vegetarier, die Pasta, Spätzli oder Backwaren essen, zu diesem Umstand bei.

_ Unversehens ist mir die heutige Kolumne trist geraten, keine hilfreichen Tipps, nichts vergnüglich Kulinarisches wie üblich, und mein Finger liegt bereits auf der «Delete»-Taste – und doch, auch dies ist ein Teil unserer Küchenwirklichkeit, ist es die düstere Kehrseite all der preiswerten Delikatessen, die heute unsere Warenkörbe füllen. Vorgesehen war zum Schluss ein einfaches, aber köstliches Geflügelrezept, mir ist jedoch für den Moment die Lust vergangen, ich denke, Ihnen auch. Deshalb für heute etwas ganz anderes, das in die Jahreszeit passt: Rosenkohl, wie ihn auch Kinder mögen.

(mit Rahm und Koriander)

rosenkohlblätter

_ Die Rosenköhlchen putzen und die Strünke herausschneiden. Die Blätter einzeln ablösen und in viel Salzwasser knapp weich kochen. Rahm in einem Pfännchen aufkochen, die Rosenkohlblätter beigeben, mit Salz, Pfeffer und viel frisch gemahlenen Korianderkörnern würzen.

augenschmaus

_ Das Auge isst mit. Wie ich diesen Satz hasse! Natürlich ist der Anblick eines appetitlichen Tellers etwas Herrliches. Aber seit einigen Jahren wird Essen nicht nur in Kochbüchern und Zeitschriften, sondern auch in Restaurants und sogar in Privatküchen derart überstylt, dass die Gäste zwar bewundernd ausrufen: «Das ist ja ein Kunstwerk!» Doch das Wasser läuft einem dabei keineswegs im Munde zusammen, im Gegenteil, man getraut sich kaum, dieses Kunstwerk mit der Gabel zu zerstören. Und oft ist der erste Bissen eine riesige Enttäuschung: Was so toll aussieht, schmeckt nach nichts.

_ Gliedert man die Menschheitsgeschichte nach den fünf Sinnen, leben wir im Zeitalter des Auges. Unser Leben ist geprägt durch das Bild wie wohl in keiner Generation vor uns. Auch unsere Vorstellung von gutem Essen ist geprägt durch die Food-Fotografie. An sich ist dies weder gut noch schlecht. Nur: Für den Essgenuss spielt das Auge doch eine untergeordnete Rolle. Der köstliche Duft, der intensive Geschmack, der samtene Schmelz, ja selbst das knusprige Knacken sind mindestens ebenso wichtig. Teilweise besteht ein Konflikt zwischen der Optik und dem Geschmack. Ein paar Beispiele: Leuchtend farbiges Gemüse direkt aus dem Steamer sieht zwar toll aus, schmeckt aber nach Schonkost. Gemüse, das mit dem Braten im Ofen geschmort wurde, sieht hingegen eher hässlich aus, schmeckt jedoch himmlisch. Frisch gezupfte Kräuter auf dem Teller wirken zwar durchaus adrett, ihr Geschmack käme aber viel besser zur Geltung, wenn die Sauce damit abgeschmeckt wäre.

_ Etwas vom Übelsten sind die überkandidelten Dessertteller, diese geschmacklosen Physalis-, Erd- und Kiwibeeren, die kleinen, farbigen Saucenschlenker, all der fein gesponnene Karamellgerümpel haben keinen Geschmack, sondern sind nur störendes Design – einfach ätzend. Das wirklich Traurige dabei ist jedoch: Räumt man dieses ganze Spektakel beiseite, bleibt zum Essen nichts Rechtes übrig, irgendeine langweilige Mousse, oft aus der Packung, ein paar unreife Früchtescheiben, wenns hochkommt ein langweiliges Biskuittörtchen oder ein Stück halb gebackener Industrieblätterteig. Da lob ich mir doch einen Bananensplit oder ein einfaches Karamellköpfli, aber bitte ohne Erdbeerhälfte und Pfefferminzblatt, dafür mit selbst gebrannter Karamellsauce. Auch in meiner Küche führe ich einen ständigen Kampf gegen Kräuterzweiglein, Rahmtupfer und Saucenspiegel, oft vergeblich, denn kaum bin ich mal nicht in der Küche, wird dekoriert und gebastelt auf Teufel komm raus, und die lieben Kolleginnen und Kollegen im Service sind natürlich davon begeistert. Gäste beklagen sich ab und zu, wenn auf der gebrannten Creme kein Rahmtupfer sitzt, aber unsere gebrannte Creme schmeckt am besten genau so, wie sie gekocht wurde, und so muss sie sich nicht unter irgendwelchem Firlefanz verstecken. Wenn ich finde, dass zu einer Seezunge an einer weissen Viogniersauce ein weisser Kartoffelstock eben am besten schmeckt, dann koche ich das auch so. Schliesslich haben einige grosse Maler ihr Leben damit verbracht, ausschliesslich weisse oder schwarze Bilder zu malen – und die schmecken und riechen nicht einmal. Inzwischen hasse ich dieses ganze Food-Design so sehr, dass ich manchmal ehrlich gesagt zu sehr vergesse: Auch das Auge isst mit.

gebrannte creme

_ Eine kleine Vorbemerkung: Karamellzucker wird satanisch heiss, passen Sie bitte auf, dass der Karamell nicht auf Ihre Haut spritzt. Von Vorteil ist eine recht grosse Pfanne.

_ 300 g Zucker sehr dunkel karamelisieren und, kurz bevor der Zucker verbrennt, mit 1 dl Wasser ablöschen. 5 dl Milch und 1 dl Rahm dazugiessen und langsam aufkochen. In der Zwischenzeit 50 g Maizena, eine Messerspitze Vanillezucker und zwei Eigelb mit 2 dl kalter Milch verrühren. Die Eigelbmasse in die kochende Karamellmilch einrühren und nochmals aufkochen. Durch ein feines Sieb streichen und auskühlen lassen. Nach Belieben mit Schlagrahm verfeinern.

gaumenschmaus

_ Die Kochkunst ist die konservativste Kunstform: Malerei, Literatur, Musik haben alle immer wieder radikale, revolutionäre Umbrüche erfahren. Wir alle wissen: Ob wir ein Bild oder eine Installation schön finden, ob uns eine Musik gefällt oder nicht ist Geschmackssache. Die Entwicklung verschiedener Kunstformen hat in Extreme geführt, bis etwa zum Satz von Andy Warhol «Alles ist Kunst». Sogar Lärm kann je nachdem als Störung oder als Kunst erfahren werden. Die Kochkunst dagegen erleben wir völlig anders: Ein versalzener Risotto ist versalzen, ein saurer Wein ist sauer, ein zähes Fleischstück ist schlechter, als ein zartes. Darüber lassen wir nicht mit uns streiten. Und wir reagieren ganz entschieden darauf: Widerliches Essen spucken wir aus.

_ Blättert man in alten Kochbüchern, erstaunt, wie konstant, angepasst an die zeitgeschichtlichen Möglichkeiten natürlich, die Kochkunst geblieben ist. Ethnologische Untersuchungen zeigen, dass die Esstraditionen von Immigrantengruppen stabiler sind, als beispielsweise ihre Sprach- oder Liebesgewohnheiten. Und besonders dezidiert reagieren bekanntlich Kinder auf Essen, das ihnen nicht schmeckt. Auge und Ohr sind klar die toleranteren Sinnesorgane als der Gaumen. Als Koch hat mich dieses Phänomen immer wieder irritiert. Einerseits, weil die Kritik von Gästen vielfach harsch daherkommen kann, wo ich dies ganz anders empfinde, anderseits, weil ich bei der Entwicklung neuer Ideen ganz nahe an den Erwartungen der Gäste bleiben muss, damit sie geschätzt werden. Das hat übrigens auch sein Gutes, man bleibt als Koch in seinen Ideen bescheiden. Warum der Gaumen ein derart konservatives Sinnesorgan ist, erkläre ich mir mit folgender Vermutung: Ein störendes Geräusch oder ein hässlicher Anblick ist zwar lästig, aber nicht weiter bedrohlich. Essen wir hingegen etwas Schlechtes, kann dies unter Umständen tödlich sein. Ob etwas gut oder schlecht schmeckt, entscheidet also letztlich über Leben und Tod. Unser Leben hängt unmittelbar davon ab, dass wir die Warnungen unserer Sinne respektieren, Warnungen, welche wir Menschen im Laufe unserer Entwicklungsgeschichte durch Versuch und Irrtum mühsam und unter Todesgefahren gelernt haben.

_ Aus diesem Grund traue ich auch den Empfehlungen der Ernährungswissenschaftler nicht allzu sehr, sondern verlasse mich lieber auf meinen guten Geschmack. Nun hat allerdings in modernster Zeit die Nahrungsmittelindustrie raffinierteste Techniken entwickelt, mit denen sie unsere altbewährten Sinne übertölpeln kann.

So besprüht sie Brot, das nie einen Backofen gesehen hat, mit Röstaromen, oder versetzt Himbeerjoghurt ohne Himbeeren mit Himbeeraroma, täuscht mit Emulgatoren eine besondere Cremigkeit vor und behandelt zähes Fleisch mit Tenderizern.

_ An all diese industriellen Zaubertricks sind wir derart gewohnt, dass wir ein selbstgemachtes Joghurt als zu sauer, eine frisch zubereitete Hühnerbouillon als fad und ein Huhn vom Bauernhof als zäh empfinden. Während in der Anfangszeit der Nahrungsmittelindustrialisierung die kulinarische Qualität gegenüber Frischprodukten klar minderwertig war, gibt es zunehmend Menschen, welche die Industrieprodukte den natürlichen vorziehen. Anders ist der Boom von industriellen Süssigkeiten beispielsweise nicht zu erklären. In den Restaurants stellt sich zunehmend die Frage, wie lange sich eine Frischküche mit ihren höheren Waren- und Arbeitskosten noch aufrecht erhalten lässt, wenn gleichzeitig immer mehr Gäste den Unterschied nicht merken oder sogar Fertigprodukte vorziehen. Je raffinierter die industriellen Nahrungsmittel den natürlichen Geschmack imitieren, desto mehr wird ein Restaurantbesuch auch zu einer Vertrauensfrage. Schon heute werde ich oft gefragt, ob wir unsere Saucen aus Knochen und Fleischabschnitten herstellen, ob wir frisches Gemüse putzen und zuschneiden, ob der Kartoffelstock aus Kartoffeln gekocht ist und ob unsere Desserts aus frischen Rohprodukten zubereitet sind.

_ Zur Anschaulichkeit dieses Themas gebe ich Ihnen für einmal ein Rezept, das ich nicht zum Nachkochen empfehle, aber trotzdem sehr lesenswert finde. Es stammt aus Udo Pollmers lesenswertem Buch «Prost Mahlzeit! Krank durch gesunde Ernährung». Besonders witzig finde ich dabei den Namen.

sportlerbrötchen

_ 25,4% Kartoffelwalzmehl, 16,9% getoasteter, entfetteter Sojagriess, 16,9% Sonnenblumenkerne, 12,7% kandierte Bananenchips, 5,2% Teigsäuerungsmittel, 9,3% Emulgatorenbackmittel, 5% vitales Weizeneiweiss, 0,6% Guarkernmehl, 8% Salz. Das alles wird gemischt mit Wasser, Hefe und Weissmehl.

reizvoll karg

_Kürzlich war ich in zwei Zürcher Spitzenrestaurants zum gediegenen Essen eingeladen. Beide Kollegen verwendeten allerbeste Rohprodukte, und alles war gekonnt gekocht. Nur etwas verstand ich bei beiden nicht, die lieb- und fantasielose Behandlung des Gemüses: Beide Male wählten wir ein 5-Gang-Menü und beide Male hätte der gesamte Gemüseanteil in einem Esslöffel Platz gefunden. Vor allem irritierte mich aber die Auswahl des Gemüses: Kefen, Zucchetti, junge Rüebli, Tomaten und Broccoli sind mitten im Winter deplaziert. Diese beiden hervorragenden Berufskollegen sind keine Einzelgänger, immer wieder erstaunt mich, wie insbesondere Spitzenköche ihre ganze Kreativität in exquisiten Fisch- und Fleischkompositionen unter Beweis stellen, während sie das Gemüse mehr als dekorativen Farbtupfer und allenfalls als Aromaträger für exotische Gewürzfantasien ansehen, «Beigemüse» eben.

_Gut, der Winter ist in unseren Breitengraden eine karge Jahreszeit und viele Wintergemüse, wie Kabis, Rüebli oder Lauch, gelten als Armeleutekost. Doch gerade der Wechsel von Frühling, Sommer, Herbst und Winter sorgt für Abwechslung im Speiseplan und die winterliche Kargheit birgt auch ihre Reize, für die ich Sie heute gewinnen möchte. Ich beginne mit den bodenständigen Rüebli, einem recht simplen Gemüse. Ihr neutraler Geschmack bietet aber die Chance zu interessanten Spielereien. Am besten dünstet man sie im eigenen Saft, mit einem Spritzer Wasser und einem Löffel frischer Butter, bei kleiner Hitze und in der zugedeckten Pfanne. Das ist die Grundzubereitung, jetzt kommen die Spielereien: Man fügt ein paar Zweiglein Zitronenthymian bei und bestreut sie am Schluss mit grobem Meersalz. Oder man ersetzt das Wasser durch weissen Aceto Balsamico. Als dritte und vierte Variante gibt man etwas geriebene Ingwerwurzel oder ein paar zerdrückte Korianderkörner bei und im Frühling schmecken sie köstlich mit viel gehackter Pfefferminze.

_Auch Lauch ist ein unterschätztes Gemüse mit vielen reizvollen Möglichkeiten: Zu Fisch schmeckt er sehr gut mit etwas Crème fraîche und Sternanis. Besonders beliebt ist bei unseren Gästen der Lauch mit wenig Orangensaft, etwas abgeriebener Orangenschale und frischer Butter. Zusammen mit Kartoffeln und frischen Kräutern in Gemüsebouillon weich gekocht, gibt er eine saftige Beilage zu Fisch oder zu Kalbsragout. Für alle Liebhaber der panasiatischen Küche passt der marinierte Lauch: Er wird in einer

Marinade aus wenig Honig, Essig, weisser Sojasauce, fein gehackten Peperoncini, Zitronengras und Ingwer knapp weich gekocht.

_ Eines meiner Lieblingsgemüse im Winter ist der Selleriestock: Selleriestücke in viel Wasser sehr weich kochen, ausdampfen lassen und durch das Passe-vite drücken. Mit Rahm in einer Pfanne aufkochen und mit dem Schwingbesen zu einem luftigen Püree aufschlagen. Für den Selleriegratin schneidet man je zur Hälfte Sellerie und Kartoffeln in sehr feine Scheiben, gibt sie in eine Gratinform, begiesst sie grosszügig mit Rahm und backt sie bei 180 Grad im Ofen. Etwas aufwändiger in der Zubereitung sind die Schwarzwurzeln: Man kocht sie mit der Schale in viel Wasser knapp weich, anschliessend lässt sich die Schale problemlos abstreifen, ohne dass man dabei schwarze Hände bekommt und ohne dass die Schwarzwurzeln braun werden. Meist werden sie dann in einer Rahmsauce serviert. Ich ziehe gebratene Schwarzwurzeln vor: Die Stängel in fingergrosse Stücke schneiden, in viel Butter hellbraun braten und ganz am Schluss viel gehackte Petersilie beifügen. Dazu passen gebratene Milken ganz hervorragend. Nur für Liebhaber sind die Dörrbohnen. Hier lohnt es sich eine gute Qualität im Reformhaus zu kaufen. Traditionellerweise serviert man dazu deftiges Schweinefleisch. Dörrbohnen passen aber auch in eine gesundheitsbewusste, leichte Küche: als Beilage zu einem Zitronenhuhn oder als Salat.

dörrbohnensalat

_ Die Dörrbohnen zwei Tage in Wasser einlegen. In knapp gesalzenem Wasser weich kochen. Die warmen Bohnen mit einer fein gehackten Schalotte, etwas Sherryessig, Walnussöl, einem Kaffeelöffel Majoranblättchen, Salz und Pfeffer mischen.

stimmt!

_ «Schweizer Restaurants sind enorm teuer!» Diese Feststellung höre ich immer wieder von Gästen, die aus dem Ausland zurückkehren, und sie stimmt. Trotzdem verdienen wir Wirte uns zu meinem Leidwesen nicht dumm und dämlich. Im Gegenteil, der durchschnittliche Gewinn in der Gastronomie liegt je nach Konjunktur zwischen null und einem Prozent. Ausser den grossen Restaurantgruppen, wie Migros und Mc Donald's, arbeiten bei einer Vollkostenrechnung sehr, sehr viele Restaurants defizitär und viele Wirtepaare in der Schweiz gehören zu den Working poor. Also, viel höhere Preise als im Ausland und doch keine Gewinne, wie kommt das?

_ Schauen wir, was mit Ihrem Geld in einem durchschnittlichen Speiseresrtaurant passiert. Die folgende Musterrechnung stimmt mehr oder weniger für die meisten kleineren Betriebe. Wenn Sie bei uns in der «Reblaube» 100 Franken ausgeben, gehen davon 30 Franken für die Nahrungsmittel weg, die rund doppelt so teuer wie in Deutschland oder Frankreich sind. Für ein Kilo Rindsfilet bezahlen wir nämlich etwa 25 Franken Importzoll, gleichwertiges Schweizer Fleisch wäre allerdings noch teurer. Der Preis von Gemüse wird an der Grenze oft verdoppelt oder verdreifacht. Milch, Käse oder Butter müssen wir zu Weltrekordpreisen kaufen.

_ Für unser Mitarbeiterbezahlen gehen von Ihrem Hunderternötli 45 Franken weg, weil ein Koch oder Servicemitarbeiter bei uns mindestens doppelt soviel verdient, wie in Deutschland oder in Frankreich. Trotzdem könnten meine Mitarbeiter bei den hohen Lebenskosten in Zürich keine Familie davon ernähren. Was die Personalkosten so in die Höhe treibt, sind aber auch die unzähligen behördlichen Auflagen. Ein Beispiel: Wir müssen eine schriftliche Kontrolle über jede Kühlschranktemperatur führen, wir müssen täglich etwa 30 Eier aus den Eierkartons herausnehmen und in irgend einem Geschirr in den Kühlschrank stellen, weil die Eierkartons verunreinigt sein könnten. Dies sind nur zwei Beispiele von unzähligen Tätigkeiten, welche die Lohnkosten in die Höhe treiben. Weiter im Text: Rund 4 Franken bezahlen wir für die Kreditkartenkommissionen und noch mehr für die Mehrwertsteuer. Jetzt haben wir schon 80 Franken ausgegeben! 10 Franken kommen für die Miete dazu, jetzt sind wir bei 90 Franken. Dabei haben wir noch keine Tischwäsche, keine Putzmittel und noch keine Blumen bezahlt. Nehmen wir noch die enorm hohen Energie- und Entsorgungskosten. 2000 Franken pro Jahr bezahlen wir allein für den Abtransport der Schweinekübel. Langsam laufen wir in den roten Bereich, sind aber noch nicht zu Ende. Der Perfektionismus der Zürcher Behörden verteuert auch die Unterhaltskosten. Dazu ein kleines Beispiel, das witzig wäre, wenn unsere Gäste nicht alles bezahlen müssten: Vor einiger Zeit kam der Lebensmittelinspektor nach zwölf Jahren auf die Idee, dass wir in der Küche Fliegengitter vor die Fenster montieren müssten, obschon wir in unserer Küche noch nie eine Fliege gesichtet haben. Das Problem war jedoch, dass unsere Hausfassade streng denkmalgeschützt ist und nichts daran verändert werden darf. Nun gab es ein grosses Hin und Her zwischen Denkmalpflege und Lebensmittelinspektorat, mit dem Resultat, dass auf der einen Hausseite, wo niemand hinsieht, Fliegengitter montiert wurden und auf der anderen Seite gegen einen grossen Platz hin nicht. Wir hoffen jetzt, dass die Fliegen diese Investition von mehreren hundert Franken respektieren und sich gefälligst von den fliegengitterfreien Fenstern fernhalten werden.

_ Der langen Rede kurzer Sinn: Ich habe ausgerechnet, dass jeder Gast etwa 30 Franken bezahlen müsste, bevor er überhaupt etwas zu Essen und zu Trinken bestellt hat. So hoch sind nämlich unsere Kosten ohne Nahrungsmittel und Bedienung. Wenn Sie also bei uns nur einen Salat und ein Mineral bestellen, was Sie gerne dürfen, müssten Sie dafür etwa 36 Franken bezahlen. Das macht natürlich kein Mensch und deshalb müssen wir die Kosten etwas anders verteilen: Gäste, die ein Rindsfilet essen und einen Wein trinken, müssen mehr an die Grundkosten beitragen, als Gäste, die nur Spaghetti oder einen Risotto essen. Ich verstehe jeden Bürger, der sich sagt, da kauf ich mir doch eine schöne Flasche Wein und ein gutes Stück Fleisch und bleibe Zuhause. Den Restaurantbesuch heb ich mir für die nächsten Ferien im Ausland auf. Damit Sie auch Zuhause gut essen können, liefere ich Ihnen ja auch viele schöne Rezepte.

stimmt nicht!

_ «Geiz ist geil!» – ich kann diesen billigen Kalauer nicht mehr hören, aber selbst in der Sternstunde «Philosophie» von TV DRS ist man sich nicht zu schade darüber zu diskutieren. Um auf demselben Niveau zu antworten: Geiz ist geil für Schnellficker, aber für jeden Liebhaber des sinnlichen Genusses ist klar: Qualität hat ihren (angemessenen) Preis!

_ Zu meiner letzten Kolumne über die Kostenstruktur eines Restaurants haben mir zwei Leser geschrieben, das interessiere sie nicht, ich solle gefälligst über Kochen und nicht über Kosten schreiben. Die Kosten haben aber sehr wohl etwas mit Kochen zu tun: Mit der Qualität der Rohprodukte und mit dem Arbeitsaufwand und deshalb folgt jetzt die Fortsetzung. Nehmen wir als Beispiel der Saison den allseits beliebten Nüsslisalat. Ich kann für 18 Franken geputzten Nüsslisalat im Supermarkt kaufen. Dieser ist «hors sol» produziert, überdüngt, schmeckt nach nichts und wird in der Salatsauce sofort zu Matsch. Wir kaufen deshalb den Nüsslisalat auf dem Bürkliplatzmarkt zu 25 bis 30 Franken das Kilo ein. Dieser Salat wird auf dem offenen Feld angebaut, wächst viel langsamer und schmeckt am besten, wenn er eine Frostnacht hinter sich hat. So wird er kleinbuschig, kräftig dunkelgrün und hat ein intensives, leicht nussiges Aroma. Aber er ist voll Erde, man muss die Würzelchen und die erfrorenen Blättchen entfernen, gibt also eine Unmenge Arbeit, pro Kilo etwa eine Stunde. Alles in allem kostet er dreimal mehr als der Nüsslisalat aus dem Supermarkt. Die entscheidende Frage ist für uns nun: Sind die Gäste bereit diese Qualität zu bezahlen? Der Kartenpreis verdreifacht sich zwar nicht, aber er erhöht sich von 12 auf vielleicht 18 Franken. Der Feinschmecker akzeptiert den Mehrpreis, der Geizige findet ihn eine Frechheit und wird sich ein billigeres Restaurant suchen. Ein paar weitere interessante Preisvergleiche: Ich kenne ein äusserst renommiertes Trendlokal, das Filets von jungen Schweizer Kühen für 18 Franken pro Kilo kauft und völlig regulär als Rindsfilets verkauft. Wir bezahlen für unser Rindsfilet 55 Franken, andere Gourmetlokale bezahlen für ihr US-Filet sogar 90 Franken. Wild gefangene Loups de Mer kosten im Einkauf pro Portion bis zu 20 Franken, kleine Loups de Mer aus der Zucht etwa 5 Franken. Scampi bekommen wir, je nach Qualität, für 30 Franken oder für 100 Franken, pro Kilo, Lammentrecôtes für 25 bis 90 Franken. Dies sind nur ein paar wenige Beispiele, die zeigen, wie enorm sich die Qualität eines Produktes auf den Preis auswirkt, obschon auf der Speisekarte dasselbe steht. Ich möchte keinesfalls zeigen, wie ausserordentlich grossartig wir sind. Im Gegenteil: Es gibt viele Restaurants, teure und ganz einfache, die sich noch den Luxus der soliden Qualität leisten. Noch zwei Beispiele zu den Arbeitskosten: Rosenkohl. Einige Restaurants kaufen ihn fertig geputzt und tiefgefroren ein und wärmen ihn mit etwas Butter auf. Wir kaufen ihn auf dem Markt, putzen ihn und schneiden den streng schmeckenden Strunk heraus. Anschliessend zerpflücken wir die einzelnen Blätter, kochen sie zweimal in viel Salzwasser ab und geben sie portionenweise in die Pfanne mit etwas Butter, Rahm und frisch gemahlenem Koriander. Der tiefgefrorene Rosenkohl gibt etwa zwei Minuten Arbeit, die Rosenkohlblätter im Rahm etwa eine Stunde, also dreissig mal mehr. Der Qualitätsunterschied besteht darin, dass selbst Kinder und Gäste, die sonst keinen Rosenkohl essen, unseren Rosenkohl überraschenderweise mögen.

_ Das zweite Beispiel: Bei einem gediegenen Bankett mit sehr gut verdienenden Gästen kam das Gespräch auf die Weinpreise. Mehrere Teilnehmer waren der Meinung, dass die europäischen Weine völlig überzahlt seien, und dass sie nur noch Weine aus Argentinien und Chile kaufen würden. Mich hat diese Haltung unglaublich genervt, und ich erlaubte mir einzuwenden, es sei logisch, dass man einen günstigen Wein produzieren könne, wenn die Arbeiter 10 Franken im Tag verdienten. Natürlich war das Gegenargument, das sei eben der globalisierte Weinmarkt. Einverstanden, aber konsequenterweise müsste man alle Löhne und Saläre globalisieren, das hiesse beispielsweise Lehrer, Ärzte, Zahnärzte und Verwaltungsbeamte aus dem Osten Deutschlands zu den dort üblichen Tarifen in die Schweiz zu holen. Was das mit Kochen und Essen zu tun hat? Sehr viel! So wie das System heute funktioniert wird die zeitintensive Qualitätsarbeit in der Nahrungsmittelherstellung und Verarbeitung kaputt gemacht. Was übrig bleiben wird ist die durchrationalisierte, industrialisierte, mittelmässige Massenproduktion, und dies wird ein ungeheurer Verlust an Esskultur sein.

rosenkohlblätter mit orange

_ 500 g Rosenkohl putzen, die Strunke herausschneiden und die Blätter auseinander zupfen. In viel Salzwasser knapp weich kochen und kalt abspülen. In einer Pfanne Saft und abgeriebene Schale einer Orange mit 2 EL frischer Butter wärmen. Die Rosenkohlblätter darin drehen, salzen und leicht pfeffern.

italian cucina

_Eine italienische Küche gibt es nicht. Was sollte denn typisch italienische Küche sein? Olivenöl? In der Reggio Emilia, vielleicht der raffiniertesten Küche Italiens, existiert es nicht, dafür gibt es dort Parmaschinken, Parmesankäse, Risotto und die weltberühmten Ravioli, es ist eine Küche mit viel Rahm und Schweineschmalz. Tomaten, ein weiteres Wahrzeichen, waren in Norditalien lange Zeit unbekannt. Fisch gibt es in den Kochtöpfen des Piemont traditionellerweise nur einen einzigen, den Stoccafisso, gesalzenen und getrockneten Kabeljau. In der kalabresischen und der sizilianischen Küche haben dagegen Rohschinken und Parmesankäse nichts zu suchen, dafür jede Sorte Fisch und Meeresfrüchte aus dem Mittelmeer und im Landesinnern der Pecorino. Die piemontesische Küche hat mehr Gemeinsamkeiten mit der französischen Küche als mit der apulischen. Die sizilianische Küche gleicht mehr anderen Mittelmeerküchen (wie der südfranzösischen, libanesischen oder marokkanischen) als der toscanischen. Einen Gegensatz zwischen der italienischen und der französischen Küche herstellen zu wollen, ist deshalb schlicht unsinnig.

_Gnocchi Piemontese sind gekochte Kartoffelklösschen, Gnocchi alla romana sind gebratene Griessschnittchen. Die Aufzählung lässt sich beliebig weiterführen, das Resultat ist klar: Es gibt keine einzige kulinarische Gemeinsamkeit der verschiedenen italienischen Regionen. Dafür gibt es zwei Gründe: Erstens sind die klimatischen und geografischen Bedingungen in den verschiedenen italienischen Regionen sehr unterschiedlich, entsprechend sind auch die Nahrungsmittel grundverschieden. In den einen Regionen gibts Viehzucht und Milchwirtschaft, in den anderen Olivenkulturen und Fischzucht. Die dritten sind so ärmlich und karg, dass wieder andere Gerichte entstanden, die so genannte Cucina povera. Zweitens gibt es Italien als gesellschaftliche Einheit erst seit dem 19. Jahrhundert. Vorher prägten Fürstentümer, Königreiche, Stadtstaaten und der Vatikan die Gesellschaft. So konnte sich auch keine einheitliche Küche wie beispielsweise die französische oder die thailändische Königsküche entwickeln. Das erste italienische Kochbuch von Pellegrino Artusi erschien erst 1891. Trotzdem spricht man heute auf der ganzen Welt von der Cucina italiana, in jedem Heftchen, in jeder Kochshow, in jedem kulinarischen Partygespräch taucht sie auf: «Ich liiiebe die italienische Küche!», schwärmen die Girls verzückt, denn italienische Küche ist zurzeit sexy. Dieses Kunstprodukt kommt wie fast alles – aus Amerika. Das beste italienische Kochbuch, das ich kenne, stammt aus den USA, das beste der Toscana

ebenfalls. Die besten italienischen Restaurant gibts in New York und Kalifornien. Und Welthits wie der Rucolasalat mit Parmesan begannen ihre Reise um die Welt in den Vereinigten Staaten. Diese Küche, ich nenne sie Italian Cucina, ist ein Mix aus einfach herzustellenden Gerichten verschiedener Regionen. Sie ist frisch und farbig, aber ohne jede Authentizität und Raffinesse, und vor allem ist sie im Gegensatz zu vielen italienischen Klassikern ohne allzu viel Arbeit herzustellen. In Italien ist die Situation zurzeit eher trist. Die Mammas sterben mehr und mehr aus, die jungen Italienerinnen haben keine Lust mehr, tagelang in der Küche zu stehen. Es gibt in Italien auch keine Kochausbildung, die für Nachwuchs sorgen würde. Seit ein paar Jahren kochen zwar ein paar talentierte junge Köche – Moreno Cedroni in Senigaglia ist einer von ihnen – wie die Wilden. Und sie machen eine sensationelle Küche. Ausgehend von den regionalen Produkten gehen sie abseits der Traditionen ihren ganz eigenen Weg und revolutionieren im Stillen die Küche. Leider werden sie noch kaum zur Kenntnis genommen.

_Von Moreno Cedroni habe ich auch das untenstehende Rezept bekommen.

cappuccinocreme

_ 6 dl schnittfeste Vanillecreme herstellen (für dieses Rezept genügt eine gute Beutelcreme vollauf). Mit 2 dl flüssigem Rahm und 5 kalten Ristretti mixen und kalt stellen. In eiskalte Cappuccinotassen abfüllen und mit Schokoladepulver bestreuen.

butter? olivenöl?

_ Ich liebe Butter in meiner Küche. Fernand Point (1897–1955), der grosse Erneuerer der französischen Küche, antwortete auf die Frage, was seine Küche ausmache: «Donnez-moi du beurre! Toujours du beurre!» Butterküche war auch in der Schweiz während Jahrhunderten das Qualitätsmerkmal der gepflegten Küche. Mittlerweile sind Butter und Rahm mega out. «Buttrig» ist zu einem Schimpfwort geworden. Wer sich als Feinschmecker profilieren möchte, schwört auf Olivenöl, auf die leichte Mittelmeerküche.

_ Ich liebe neben Butter auch Olivenöl in meiner Küche. Doch gefällt mir der modische Kult rund um das Olivenöl nicht. Schliesslich gibt es in der Schweiz doch relativ wenige Olivenbäume, während wir wie Frösche in einem Rahmsee schwimmen und den dabei entstehenden Butterberg vergeblich abzubauen versuchen. Populärstes Argument für Olivenöl ist nicht ein kulinarisches, sondern ein gesundheitliches: Olivenöl sei reich an mehrfach ungesättigten Fettsäuren und deshalb gesund. Neuere Forschungen belegen, dass dies schlicht falsch ist, Olivenöl enthält sehr wenige mehrfach ungesättigte Fettsäuren. Dagegen enthält Olivenöl Oleuropein, was ein Wirkstoff gegen Herz- und Kreislaufkrankheiten ist. Doch selbst in den Mittelmeerländern ist der Effekt so gering, das er nicht nachgewiesen werden konnte.

_ Die Mittelmeerküche ist auch keinesfalls leicht. Wer jemals in Spanien oder Griechenland in den Ferien war, kennt diese fetttriefenden Küchen. Olivenöl ist keinesfalls leichter als irgend ein anderer Fettstoff, rund 9300 Kilokalorien bringt ein Kilogramm Olivenöl auf die Waage, im Vergleich dazu sind Butter mit 7700, oder Rahm, eine Fett-Wasser-Mischung, mit rund 3300 Kilokalorien eher Leichtgewichte. (Interessierten Lesern seien zu vielen Nahrungsirrlehren die wissenschaftlich gut unterlegten Bücher von Udo Pollmer empfohlen.)

_ Befreit von ernährungswissenschaftlichem Ballast, können wir uns jetzt den kulinarischen Vor- und Nachteilen von Butter und Olivenöl zuwenden. Es versteht sich, dass ich nur von hochwertigen, kalt gepressten Ölen spreche. Hier gibt es eine ganze Duftpalette verschiedenartigster Aromanuancen. So gesehen spricht es für einen eingeschränkten Geschmackssinn, wenn jemand meint, das beste Olivenöl zu kennen. Es gibt Berufskollegen, die bis zu zwanzig verschiedene Olivenöle, abgestimmt auf die einzelnen Gerichte, einsetzen. Hochwertige Olivenöle sind schlecht erhitzbar, sie verbrennen rasch, verlieren dabei ihre positiven Eigenschaften und werden sogar schlecht verdaulich. Ich verwende sie deshalb vor allem kalt und lauwarm. Für Salate beispielsweise, zum Abschmecken von Spinat oder Zucchini oder in grossen Mengen zum Verfeinern unserer verschiedenen Tomatensaucen. Daneben brauchen wir in unserer Küche viel frische Butter, was man heute kaum laut sagen darf. Butter hat dank ihres Inhaltsstoffes Lezithin die zauberhafte Fähigkeit, Wasser und Fett miteinander zu vermählen. Sie eignet sich deshalb hervorragend zum Binden von Gemüsesaucen oder zum Abschmecken von Teigwaren, wie den berühmten Ravioli al burro. Frische Butter verbrennt wie Olivenöl auch rasch. Es gibt jedoch einen Trick (siehe Rezept unten), mit dem man Butter hitzebeständiger machen kann. Ich verwende auch Rahm in meiner Küche, der eigentlich nichts anders als Butter mit viel höherem Wassergehalt ist. Ich liebe seine samtene Cremigkeit und seine Vielseitigkeit. Eine solche Küche muss keineswegs schwer sein, wenn man den Rahm überlegt und gezielt einsetzt, zum Beispiel nicht jedes Mal das Zürcher Geschnetzelte mit einer Butterrösti kombiniert.

_ Besonders liebe ich eine Kombination von Butter und Olivenöl. Butter gibt unserer Tomatensauce die samtene Geschmeidigkeit, Olivenöl ein frisches, fruchtiges Aroma. Die Gefahr beim Kochen mit Rahm besteht darin, dass man ihn gedanken- und fantasielos verwendet. Olivenöl, Butter oder Rahm, jedes hat seine Berechtigung, aber erst das Händchen der Köchin oder des Kochs macht sie zu einem Genuss für Feinschmecker.

bratbutter

_ Bratbutter verwenden wir dort, wo wir zum Braten und Fritieren kein Olivenöl benützen wollen. Zwar kann man Bratbutter auch kaufen, aber meist schmeckt diese ranzig, weil sie aus alter Butter hergestellt wurde. Selbst gemachte Bratbutter hat einen wunderbaren Haselnussgeschmack und hält sich im Kühlschrank wochenlang.

_ Frische Butter in einer kleinen Pfanne schmelzen und langsam weitererhitzen. Der ganze Prozess soll nicht zu schnell vor sich gehen, da sonst Milchzucker und Eiweiss am Pfannenboden verbrennen. Abschäumen, bis das Butterfett klar ist. Sorgfältig durch ein Küchentuch giessen, damit das Milcheiweiss und der Milchzucker am Pfannenboden bleiben. In einem Töpfchen in den Kühlschrank stellen.

genial mit jamie

_ Zum ersten Mal habe ich Jamie Oliver vor etwa fünf Jahren in einem Video der BBC bewundert. In England war unter jungen Frauen eine Jamiemania ausgebrochen, die nur mit der verrückten Begeisterung für die Beatles in ihren Anfangszeiten zu vergleichen ist. Auf Schritt und Tritt verfolgten ihn seine Fans, bis der Rummel ihn eines Tages derart überforderte, dass er spurlos abtauchte und während Tagen nicht einmal sein TV-Produzent wusste, wo er sich versteckte. Dabei war und bin ich mir nicht einmal sicher, ob der Junge wirklich kochen kann, oder ob er nicht im Playback mit einer Profitruppe im Hintergrund arbeitet. Aber auch falls er nicht kochen kann, seine TV-Shows sind genial. Im Gegensatz zu den bedächtig dilettantischen Kochsendungen der Bioleks, der unsinnigen und unsinnlichen Kochduelle deutscher Hochleistungsköche, den blutleeren Selbstinszenierungen des blaublütigen Mosimann oder der hauswirtschaftslehrerinnenhaften Sendungen von Betty Bossi, vermittelt Jamie eine ungeheure Freude am Kochen und Essen. Mich erinnert er an den singenden Koch Vico Torriani, der in den sechziger Jahren mit der gleichen Begeisterung die Herzen der kochenden Frauen eroberte.

_ Ich selber gehöre zu einer Zwischengeneration der siebziger Jahre, geprägt von den damaligen Göttern in Weiss, vorab dem Zeus Paul Bocuse, dem «Roi de la cuisine du soleil», Roger Verget und von Fredy Girardet, dem «Johann Sebastian Mozart der Küche», um wieder einmal den prächtig verunglückten Vergleich des Gault Millau zu zitieren.

_ Das Buch «La nouvelle cuisine» von Bocuse war für uns eine Offenbarung, Kochen und Essen wurde in jener Zeit ein geradezu sakrales Unterfangen. Unter Anleitung der Gourmetbibel Gault Millau pilgerte man zu den Gourmettempeln Europas und verfolgte gespannt die Glaubenskriege innerhalb der Nouvelle Cuisine. Kurze Zeit später schrieb Silvio Rizzi im Tages-Anzeiger-Magazin unter dem Titel «Die Zweite französische Revolution findet in der Küche statt» ein brilliantes Pamphlet in mehreren Folgen, mit dem er auch die Schweizer Gastronomie missionierte und sich damit zu ihrem Gourmetpapst machte. Wie jede religionsähnliche Bewegung verlor die Nouvelle Cuisine aber an spontaner Begeisterung und erstarrte in verkrusteten Regeln, die von einem Hofstaat von Gastrokritikern verwaltet wurden. Und wie in den Kirchen wendete sich das Interesse des Publikums mehr und mehr von den lustlosen kulinarischen Tempeln ab. Die grossen Köche wurden zu Gastromanager oder zogen sich resigniert aus ihren Küchen zurück. Aber die Freude am Kochen und Essen stirbt natürlich niemals aus.

_ In der Zwischenzeit gibt es auf der ganzen Welt viele unglaublich talentierte Köche, erstaunlicherweise oft Autodidakten, die unbekümmert um die Dogmatik der klassischen Küche mit Enthusiasmus ihren eigenen Stil pflegen. Nicht von ungefähr bewegen sich viele von ihnen im Umfeld von Mode und Showbusiness. Gemeinsam ist ihnen, dass sie ihr Restaurant als Theater und das Essen als aufregendes Spektakel inszenieren und ihre Gäste und Fans sie auch deswegen lieben. Vieles davon mag allzu billig und oberflächlich sein, und sicher kommt der differenzierte Feinschmecker oftmals zu kurz, aber wenn wir Esszeremonien früherer Zeiten und anderer Kulturen ansehen, finden wir erstaunliche Gemeinsamkeiten mit dieser Entwicklung. Essen und Trinken war immer wieder und überall auch Spektakel und Theater.

_ Jamie Olivers Erfolg liegt in der simplen Botschaft: «Kochen macht Spass!», und dies ist nicht die schlechteste Basis für ein tolles Essen.

(Jamies schnellstes Dessert)

fruit crumble

_ 120 g Weissmehl, 100 g Haferflocken, 120 g weiche Butter, 90 g Zucker und 1 Prise Salz in einem Cutter zu einer feinen Masse mixen. 500 g geputzte und klein geschnittene Früchte nach Saison in eine Gratinform geben und mit der Masse bestreichen. Bei 200 ° etwa 30 Min. im Ofen backen.

fix gekocht

_ Eine befreundete, sehr erfolgreiche Wirtschaftsanwältin und lebensfrohe Geniesserin, mit wenig Zeit zum Leben und Geniessen, wollte mit mir zusammen ein Kochbuch schreiben mit dem Thema «Festessen in Nullkommanix». Sie dachte an ein Hochstaplerkochbuch mit Gerichten, welche die Gäste beeindrucken, aber keine Arbeit machen. Ein Rezept konnte sie bereits beisteuern: die Salmterrine. Das Projekt ist dann gestorben, weil sich zwischen den unzähligen «Billing Hours», das sind die Stunden, welche ein Wirtschaftsanwalt seinen Klienten verrechnet, keine Projekttermine fanden. In dieser Zeit hat meine Freundin wahrscheinlich so viel Geld verdient, dass sie sich dafür locker einen Leibkoch leisten könnte. Mein Hausarzt wiederum hat mir eine besonders fixe Art, weissen Spargel zu kochen, verraten: Er schneidet die hintere Hälfte, die man schälen müsste, einfach weg.

_ Eine Freundin, charmant, lebensfroh und ausserordentlich erfolgreich in ihrem Beruf, will mit Bekannten bei mir einen Kochkurs buchen mit dem Thema: «Was koche ich, wenn ich keine Zeit zum Einkaufen, Rezeptelesen und Kochen habe und der Kühlschrank leer ist?» Das Thema ist für mich eine echte Herausforderung, denn es ist die totale Negation meiner Arbeit: Rezepte und Speisekarten ausdenken, auf dem Markt die schönsten Gemüse und Früchte heraussuchen, die Vorrats- und Kühlräume mit frischen Zutaten auffüllen und für die ganze Woche die Arbeitsabläufe meiner Kollegen in der Küche koordinieren. Am besten würde ich für diesen Kochkurs einen Korb füllen mit Quick-Soupes zur Vorspeise, Quick-Lunches zum Hauptgang und Glacestängeln zum Dessert.

_ Ich bin übrigens bekennender Fastfooder, zeitweise war ich richtig süchtig danach und mein privater Küchenschrank gefüllt mit den Quickies. Aber für den Kochkurs ist es wohl doch nicht das Richtige. Mit meiner Freundin und Auftraggeberin bin ich jetzt so verblieben, dass nichts eingekauft wird und jeder Kochkursteilnehmer das mitbringt, was gerade in seinem Kühlschrank, Tiefkühler und Küchenschrank vorrätig ist. Damit werden wir zusammen ein Menü kochen. Sie, liebe Leserinnen und Leser, sind jetzt sicher genauso gespannt wie ich, was bei diesem Kochkurs herauskommen wird. Ich werde Sie selbstverständlich auf dem Laufenden halten. Immer und immer wieder begegne ich Leuten, die gerne gut essen, sich auch gesund ernähren möchten, aber die Zeit dazu nicht finden. Zu einem Teil bin ich natürlich froh darüber, denn wir Restaurateure leben von diesen Menschen. Bei den meisten sind Zeit und

Geld knapp, aber ich frage mich manchmal schon, was diese Leute in ihrem Leben so Wichtiges zu tun haben, dass sie für etwas Lebenswichtiges wie das Kochen und Essen so wenig Zeit finden. Vielleicht ist es auch eine Frage des Alters: Wenn die Jungen für alles zu wenig Zeit haben, finde ich das völlig o. k., sie haben im Leben so viel zu tun, zu entdecken, es gibt für sie so viel zu verpassen. Ich selber steh nicht mehr auf Quickies, sondern bin viel mehr der Meinung «Gut Ding will Weile haben». Für alle, die wenig Geld und Zeit zum Kochen haben, zwei Tipps aus der Profiküche: Je schlichter ein Gericht, desto wichtiger ist die Qualität der Zutaten. Je knapper die Zeit, desto wichtiger ist die rechtzeitige und sorgfältige Planung. Beides ist sehr banal und wird doch meistens vergessen. Zum Schluss das erste Rezept aus dem gescheiterten Kochbuch, es könnte sehr gut auch von Jamie Oliver stammen.

(nach Diktat meiner Freundin)

salmterrine

_Zu gleichen Teilen frisch gehacktes, kaltes Salmfilet und weiche Butter total vermanschen, am besten geht das mit einem Cutter. Mit Salz, Pfeffer, Paprika und wenig Zitronensaft würzen und kühl stellen. Bevor die Masse zu hart wird, herausnehmen und einen Fisch daraus formen. Mit dem runden Teil einer Gabel Schuppen und einen Kopf einzeichnen und anschliessend den Fisch vollständig durchkühlen lassen. Auf einer Platte anrichten, mit Tomatensaft umgiessen und mit Grünzeug dekorieren. (Ich meine, man könnte dem Fisch noch eine Zitronenscheibe ins Maul stecken.) Dazu frischen Toast servieren. Die Gäste sind immer begeistert, sagt meine Freundin.

pulsierendes treiben im hauptbahnhof

_ Die wunderschöne, leergeräumte Bahnhofhalle hat Ähnlichkeit mit den alten Markthallen französischer oder italienischer Städte und ist heute einer der schönsten Plätze von Zürich. Kutschen-, Bus- und Bahnstationen waren schon immer auch Marktplätze, und die Idee, die Bahnhofhalle als Markthalle zu nutzen, war deshalb naheliegend. Sie kam Lilo Tscharner 1998, als sie in der damaligen Rezession beschloss, ihr Erwerbsleben neu zu organisieren. Als Einzelkämpferin konnte sie zuerst die Immobilienverwaltung der SBB von ihrer Idee überzeugen und sammelte dann mit viel Ausdauer und Herzblut bis heute 51 Marktfahrer aus der ganzen Schweiz, die sie jeden Mittwoch von 11 bis 20 Uhr mit berechtigtem Stolz als ihre grosse Familie betreut.

_ Neben einem grossen Stand mit Biogemüse, einem beeindruckenden Käsestand aus Freiburg und Milchprodukten aus dem Zürcher Berggebiet faszinieren uns vor allem am Stand der vitalen Kenyanerin Lidia Hoeppli-Njoroge Berge von Ananas, die jeden Mittwoch frisch und vor allem reif und saftig aus Kenya eingeflogen werden, nicht zu vergleichen mit irgendwelchen Ananas, die man sonst in Zürich bekommt. Daneben gibt es viele kleine Stände mit regionalen Spezialitäten aus der ganzen Schweiz. Viele Touristen lernen so zum ersten Mal die Schweizer Landwirtschaftsprodukte kennen und schätzen. Die SBB würdigen den Markt ihrer initiativen Mieterin als attraktives Aushängeschild für den öffentlichen Verkehr und für das Tourismusland Schweiz und nehmen aus diesem Grund bei den Mietkonditionen Rücksicht auf die finanziellen Möglichkeiten der Marktfahrer. Nebenbei bemerkt zeigt dies, dass auch ein schwerfälliger Staatsbetrieb flexibel auf Privatinitiativen reagieren kann. Die übrigen Ladenbesitzer im Bahnhofareal haben teilweise auch ihren Marktstand und begrüssen die zusätzliche Attraktion im Bahnhof.

_ So sympathisch der kunterbunte Spezialitätenmarkt von Lilo Tscharner auch anmutet, muss doch bemerkt werden, dass eine grosszügigere und urbanere Gestaltung des Marktes in dieser grossartigen Halle der Millionenregion Zürich besser entsprechen würde. Zum jetzigen Zeitpunkt wirkt die Mischung aus Jahrmarktständen und Spezialitätenmarkt doch etwas allzu kleinstädtisch und bieder. Wie schön wäre es, wenn beispielsweise Bianchi wenigstens am Mittwoch wieder in Zürich präsent wäre, mit seinen frischen Fischen,

Meeresfrüchten, Austern und anderen Delikatessen. Sein Auszug hat bei Zürichs Feinschmeckern, trotz den attraktiven Warenhausangeboten, eine Lücke hinterlassen. Oder wenn die KAG (Konsumentenarbeitsgruppe für tier- und umweltfreundliche Nutztierhaltung) ihr Biofleisch offen verkaufen könnte und nicht nur über die eigenen, etwas komplizierten Absatzkanäle. Alle Anstrengungen von Lilo Tscharner in diese Richtung sind, trotz der Unterstützung der SBB, bis jetzt an den behördlichen Kontrollen gescheitert. Was auf dem Berner Markt problemlos möglich ist, nämlich frisches Geflügel, Kaninchen, Fleisch und vieles mehr zu verkaufen, scheint in Zürich auf unüberwindbare Hindernisse zu stossen. Dabei ist uns nicht bekannt, dass in Bern wesentlich mehr Leute an Lebensmittelvergiftung erkranken als in Zürich.

_ Wie man von den Marktfahrern hört, sind die Lebensmittelkontrolleure zwar auch stolz auf den Bahnhofsmarkt, aber nicht wegen des sympathischen Angebots, sondern weil er der bestkontrollierte Markt der Schweiz sei. Dass aber auch bei den Zürcher Behörden mit dem New Public Management Flexibilität und Kundenfreundlichkeit Einzug gehalten haben, zeigt die Reaktion von Hélène Stettler, Chefin des kantonalen Lebensmittelinspektorats. Sie begrüsst die Aktivitäten in der Bahnhofhalle und sieht keinen Hinderungsgrund für den Verkauf von Fleisch, Geflügel oder Fischen, solange die klaren gesetzlichen Vorschriften eingehalten würden, die im Übrigen in der ganzen Schweiz einheitlich seien. Im gemeinsamen Gespräch mit den Marktteilnehmern liessen sich nach ihrer Meinung sicher praktikable Lösungen finden. Vielleicht ist nach der dreijährigen Pionierphase der Zeitpunkt für einen Marschhalt gekommen, um gemeinsam die weitere Entwicklung des Spezialitätenmarktes zu überdenken. Denn dieser Platz ist unserer Meinung nach von zu grosser städtebaulicher Bedeutung, als dass man die Entwicklung einfach sich selber überlassen könnte.

_ Eine grosszügigere und urbanere Belebung des Marktes würden nicht nur die Touristen und Zürichs Feinschmecker begrüssen, sondern würde ohne Zweifel auch den obersten Hausherrn der Bahnhofhalle, der bekanntermassen ein architekturliebender Feinschmecker ist, auf seinem Heimweg aus Bern freuen.

_ Zwei Marktstände sind allein eine Reise wert, was im berühmten Guide Michelin drei Sterne bedeuten würde: «natürli» heisst der Stand von Alfred Bieri, an dem Milch- und Käsespezialitäten der «Käservereinigung der Region Zürcher Berggebiet» angeboten werden. Neben verschiedensten hervorragenden Hart- und Weichkäsesorten begeisterten uns vor allem ein überaus cremig-mildes

Schafmilchjoghurt der Schafmilchkäserei Faltigberg und ein raffinierter Geissmilchquark der Käserei Güntisberg, erhältlich nature oder mit verschiedenen Fruchtaromen.

_ «Le Fromager» heisst der grossartige Freiburger Käsestand von Daniel und Manon Minnig mit 80 bis 100 verschiedenen Käsesorten. Pièces de résistance sind immer ein Gruyère alpage und ein Vacherin alpage, aus denen auch die Fonduemischung «moitié-moitié» gemischt wird, und ein vollreifer Emmentaler, dessen Qualität an den typischen Salztränen erkennbar ist. Eine riesige Auswahl an perfekt gereiften Kuh- und Geisskäsesorten verführt den Käseliebhaber unter kompetenter und liebenswürdiger Beratung von Daniel Minnig dazu, so viel Käse zu kaufen, dass in nächster Zeit Freunde zu einem Gschwellti-Essen eingeladen werden müssen. Bei dieser Gelegenheit könnte man auch folgendes Rezept von Daniel Minnig ausprobieren:

_ Einen ganzen Vacherin Mont d'Or in der Mitte etwa baumnussgross aushöhlen und mit Calvados füllen; mit der Holzschachtel in den 120 Grad warmen Ofen schieben und etwa 20 Minuten backen; auf einer Platte servieren und mit dem Löffel über die aufgeschnittenen Kartoffeln schöpfen.

_ Et voilà, Gschwellti à la Fribourgeoise!

réduction

_ Mein schockierendstes Erlebnis als Koch hatte ich in meinem Restaurant an einem Mittag vor etwa drei Jahren. Bekanntlich ist es in einer Stadt wie Zürich sehr schwierig, reife, aromatische und saftige Früchte und Beeren zu bekommen – besonders die Erdbeeren sind mir eine Herzens- und Schmerzensangelegenheit. Anfang Juni kommen jeweils für etwa zwei Wochen die berühmten Wädenswiler Nr. 6 auf den Bürkliplatzmarkt, eine äusserst seltene und delikate Erdbeersorte mit einem intensiv verströmenden Duft nach Walderdbeeren. Am Mittag setzen wir sie jeweils mit etwas Rahm garniert auf die Tageskarte, im vergnügten Bewusstsein, eine echte Delikatesse anzubieten. So auch an besagtem Mittag vor drei Jahren. Gegen Ende des Services kam eine Servicemitarbeiterin mit der Reklamation in die Küche, das Tagesdessert sei nicht gut. Irritiert und neugierig wollte ich den Grund erfahren, zog meine Schürze aus und marschierte ins Restaurant. Eine distinguierte Dame, sicher eine hervorragende Hobbyköchin, empfing mich mit säuerlicher Miene und meinte, dies sei kein richtiges Dessert, das seien einfach ein paar Erdbeeren, sonst nichts. Auf meine Frage, ob sie das wunderbare Aroma von Walderdbeeren nicht genossen habe und was sie denn erwartet hätte, meinte sie, irgendetwas Raffiniertes. Erdbeeren waschen, das könne sie zu Hause auch, dafür müsse sie nicht in ein Restaurant gehen. Fassungslos musste ich ihr Recht geben, und selbstverständlich musste sie das Dessert nicht bezahlen. Dieser Zwischenfall hat mich bis heute nicht losgelassen, weil er den Kern meines Berufsverständnisses trifft: Was ist gute Küche? Offensichtlich gibt es darauf keine Antwort, sondern nur Antworten.

_ Für die Einen sind dies üppige Platten, reich dekorierte Teller und hoch komplizierte Gerichte aus den luxuriösesten Zutaten. Für mich ist eine wirklich gute Küche das genaue Gegenteil: Reduktion auf das Wesentliche. Ein schlichtes Gericht in perfekter Komposition, jede Zutat auf dem Teller mit einem Sinn im Ganzen. Beispielsweise etwas warmes Weiches bildet einen Kontrast zu etwas kaltem Flüssigem, und beides wird ergänzt von etwas Knusprigem. Spannung und Harmonie gleichzeitig. Réduction heisst ein Schlüsselbegriff der französischen Küche. Er meint das Einkochen auf die höchstmögliche Konzentration. Réduction ist auch das Geheimnis jeder guten Sauce. Nicht nur in Frankreich, auch in Italien kennt man diesen Prozess des Reduzierens, beim Aceto beispielsweise, den man während dreissig, vierzig Jahren im Fässchen verdunsten lässt, um den berühmten, hoch konzentrierten Balsamico zu erhalten.

_ Machen Sie beim Kochen für einmal nicht die Überlegung, was Sie einem Gericht noch beifügen, sondern was Sie weglassen könnten. Sie werden erstaunt sein, was dabei herauskommt. Sie werden nämlich feststellen, dass es ziemlich viel Mut braucht, alles Unnötige wegzulassen. Man ist so sehr gewohnt, dass ein gutes Gericht auch viele verschiedene Zutaten, Schnäpschen, Gewürze, Kräuter usw. benötigt. Es überrascht mich immer wieder, wie wenige Zutaten es für ein gutes Gericht braucht. Diese müssen jedoch von erstklassiger Qualität sein: Ein guter Fisch benötigt nur etwas Meersalz und Olivenöl. Ein minderwertiger Fisch muss mit Saucen, Marinaden und Gewürzen zugedeckt werden, damit er essbar wird. Allerdings ist es nur ein ganz kleiner Schritt von der eleganten Schlichtheit zur banalen Langeweile. In diesem kleinen Unterschied findet für mich eben die gute Küche statt.

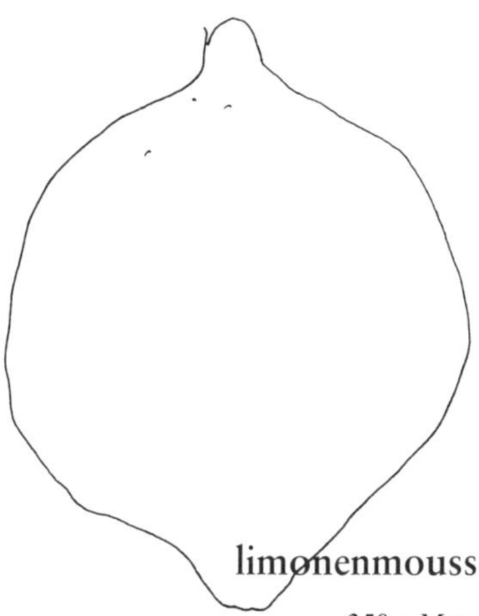

limonenmousse

_ 250 g Mascarpone, 2,5 dl Rahm, 3 grüne Zitronen (Saft und abgeriebene Schale), 60 g Zucker. Alle Zutaten mit dem Schwingbesen wie Schlagrahm aufschlagen und kalt stellen.

exellence suisse

_Letzte Woche erlebte ich auf dem Bürkliplatzmarkt eine kleine, sehr interessante Szene. Ich kaufte beim Metzger Schönenberger eine kleine Reh-Terrine, die übrigens ganz hervorragend schmeckte. Beim Bezahlen rauschte eine Dame neben mir an die Theke und beklagte sich, das Lamm, das sie kürzlich gekauft hätte, sei furchtbar zäh gewesen, dabei sei es doch sonst bei ihm immer so wunderbar zart. Sie wollte unbedingt wissen, was der Grund sei. Herr Schönenberger wusste auch keine Antwort, aber die Dame insistierte weiter. Ich konnte die schwierige Situation des Meztgers sehr gut nachempfinden, was soll man da sagen? «Madame, das gibt es einfach, Lammfleisch ist ein Stück Natur und kein Industrieprodukt.»

_ Bei einem Magnum-Glace oder einem Hirz-Joghurt kann man erwarten, dass sie immer gleich schmecken, bei einem Naturprodukt eben nicht. Auch mit meinem Vertrauensmetzger Markus Würmli diskutiere ich solche Problemfälle immer mal wieder, allerdings selten.

_ Ich muss aber gleich beifügen, die kulinarische Qualität der Schweizer Landwirschaft und des Gemüsebaus ist generell unbefriedigend und nicht wie bei Schönenberger und Würmli eine Ausnahme. Ein Beispiel: In einer meiner letzten Kolumnen erwähnte ich aromatische Tomaten. Prompt hatte ich am nächsten Tag die Frage in meiner Mailbox, woher bekommen Sie aromatische Tomaten, wenn nicht aus dem eigenen Garten? Die Frage ist sehr berechtigt, denn der allergrösste Teil der Tomaten in den Läden ist geschmacklos und mehlig, besonders in der Tomatensaison, wenn die Schweizer Tomaten auf dem Markt und die Grenzen gesperrt sind. Tomaten sind nur ein Beispiel, ich könnte dasselbe auch über Schweizer Kartoffeln, Zucchetti, Nüsslisalat, Zwetschgen, Rindfleisch oder Kaninchen schreiben.

_ Es gibt recht zuverlässige Öko-Labels in der Schweiz wie etwa die Knospe, aber es gibt keine kulinarischen Qualitätslabels. Auch die Knospe sagt nichts über den Geschmack aus, ich habe schon miserables Knospenfleisch bekommen. Im Gegensatz zur aktiven Bio-Lobby, gibt es keine Gourmet-Lobby und auch die Konsumentenvertreterinnen und Vertreter tun wenig bis nichts für die kulinarische Qualität unserer Nahrungsmittel. Zugegeben, dieses Problem gibt es nicht nur in der Schweiz, es ist eine Folge der globalisierten Landwirtschaft. Es gäbe aber trotzdem Möglichkeiten. In

Frankreich existiert das Qualitätslabel «Label rouge». Damit werden besonders gute und streng kontrollierte Produkte vom französischen Landwirtschaftsministerium ausgezeichnet. «Label rouge»-Produkte können sie im Sack kaufen, die sind immer Spitze. Für die Schweizer Landwirtschaft, die auf dem Weltmarkt ohnehin nicht konkurrenzfähig ist, wäre dies eine interessante Nische: «Exellence suisse». Aber eben, das müsste ausserhalb der mächtigen Landwirtschaftslobby und Interessenverbände organisiert werden und so wird «Exellence suisse» wohl die naive Utopie eines hoffnungslosen Feinschmeckers bleiben.

(das Sommerrezept «excellence suisse»)

himbeeren mit ziegenfrischkäse

_ Die Himbeeren kräftig zuckern und eine halbe Stunde ziehen lassen. Den ungesalzenen Ziegenfrischkäse mit etwas flüssigem Rahm mischen, so dass eine quarkartige Masse entsteht. Zuckern und ganz wenig Kirsch beifügen. Den Käse mit einer Glacezange abstechen und mit den Himbeeren servieren.

la mise en place

_ «Das könnte ich zu Hause also gleich gut machen!», ist eine ab und zu wiederkehrende Bemerkung von Gästen, die ich jeweils mit «Vielen Dank für dieses Kompliment!» zu beantworten pflege. Begeisterte Hobbyköche sind nämlich für einen Restaurantkoch eine recht hohe Messlatte. Einige meiner Freundinnen kochen so gut, dass ich lange überlegen müsste, in welchem Restaurant ich besser essen könnte. Es ist mit Hilfe von Kochbüchern und einem unbegrenzten Warenangebot für einen begabten Koch zwar relativ einfach, ein kreatives und raffiniertes Menü zu erfinden und zu kochen. Die grosse Kunst, die nur ganz wenige Küchenchefs beherrschen, besteht darin, seine Küchencrew so weit zu bringen, dass der 524. Teller so aussieht und schmeckt wie der 523. und der 525., mit der gleichen Liebe und Sorgfalt zubereitet wie beim ersten Mal.

_ Öfter, zum Glück, höre ich in meinem Restaurant jedoch die erstaunte Frage: «Wie schafft ihr es bloss, jedem Gast etwas anderes gleichzeitig an den Tisch zu bringen?» Ehrlich gesagt, wenn die Küche unter Höchstdruck arbeitet, ist dies auch für mich manchmal ein Rätsel, und ganz ehrlich gesagt, manchmal gelingt es auch nicht nach Wunsch. Da müssen oft gleichzeitig ohne weiteres zwanzig Zutaten sein, die auf den Punkt gegart und abgeschmeckt, heiss und innert Sekunden angerichtet die Küche verlassen, während bereits zwölf völlig andere Zutaten für den nächsten Tisch unterwegs sein müssen. Das Schlüsselwort heisst «la mise en place», oder, in der Sprache unserer Lehrlinge, «de Mischt am Platz». Es bedeutet, dass wir bereits um 9 Uhr morgens mit der Vorbereitung auch der kleinsten Handgriffe beginnen, sodass um 18 Uhr vor dem Service die Zwiebeln gehackt, das Lammcarrée angebraten, das Tranchiermesser geschliffen, das Essigwasser zum Putzen der Tellerränder bereit, der Rahm geschlagen, die Pfannen und der Backofen vorgewärmt, alle Schöpflöffel und etwa dreissig Probierlöffel einsatzbereit sind. Noch ein Kontrollblick, und der Service beginnt. Tisch für Tisch werden bestellt und «geschickt». Meist sind vier Köche an einem Tisch beteiligt, der Saucier, er macht das Fleisch, gibt das Signal «Noch zwei Minuten», alles nochmals probieren, und dann ist für vielleicht eine Minute der Teufel los! Jetzt ist jeder Handgriff ein Zeitverlust, wehe, nur ein gezupftes Kräutlein oder ein Portionierlöffel sind nicht bereit! Jede unnötig verlorene Sekunde akkumuliert sich und fehlt nachher den ganzen Abend. «Fertig?» – «O. K.!» – «Schicken!» Kurzes Durchatmen, jeder räumt sein kleines Chaos auf und bereitet gleichzeitig den nächsten Tisch vor. Der Druck steigt von Neuem. Und genau hier ist der einzige Unter-

schied zur Privatküche. Zu Hause ist die Vorstellung in der Küche nun zu Ende, und man geniesst das Essen. Das Wesentliche aber, die Mise en place, sollte die gleiche sein, damit die Gäste Sie während des Abends nicht nur durch die Küchentür zu sehen bekommen.

_ Zum Schluss gebe ich Ihnen deshalb heute anstatt eines Rezepts eine kleine Mise-en-place-Liste. Vorher will ich Ihnen aber noch die verrückteste Mise en place beschreiben, die ich je gesehen habe, nämlich bei Ferran Adrià in Las Roses in Spanien. Adrià kocht mit über dreissig (!) Köchen für vierzig Gäste immer ein Menü mit dreissig Gängen. Ich war während des Service in der Küche, und es war einfach unglaublich, kein Stress, keine Hitze, keine Gerüche, nichts. Jeder Koch stand in einer Reihe und hatte sein kleines Pfännchen, Schälchen oder sonstiges Gerät in der Hand und wusste auf die Sekunde genau, wann er ein Löffelchen seiner Zutat in welche Ecke des Tellers setzen musste. Alles, aber auch wirklich alles war im Voraus zubereitet. Fehler waren schlicht und einfach unmöglich. Eine absolut perfekte Küche, wenn auch nicht meine Vorstellung von Kochen.

mise-en-place-liste

_ Teller und Schüsseln vorwärmen – Brot auf den Tisch stellen – alle Werkzeuge bereitlegen – benötigte Pfannen auf dem Herd vorwärmen – Bratenstücke, Gratins und Ähnliches fixfertig im Ofen warm halten – alle Zutaten zugeschnitten und abgewogen in verschiedenen Gefässen und nach Gericht geordnet bereitstellen (es steht nichts mehr im Kühlschrank oder Küchengestell) – die meisten Saucen, aber auch Gemüse und Beilagen, sind fertig abgeschmeckt und müssen nur nochmals erhitzt werden. Bis hierhin können Sie alles in Ruhe vorbereiten. Bitten Sie einen oder zwei Mitessende, beim Anrichten zu helfen, so können Sie sich ganz auf den Finish konzentrieren. Und jetzt: «Schicken!»

einkaufen

_ «Was ist frisch? Ich akzeptiere zerknirscht, dass ich das Adjektiv ‘frisch’ manchmal unpräzis verwende. Doch ich frage Sie: Was ist das Gegenteil von ‘frisch’? Beispielsweise ‘getrocknet’? Bündnerfleisch ist luftgetrocknet, frisches Bündnerfleisch kann frisch aufgeschnitten bedeuten oder noch zu frisch, also zu wenig getrocknet meinen.»

(vorab ein richtig erfrischendes Dessert)

schafjoghurt-flan mit früchten

_ Saft und abgeriebene Schale einer Zitrone und 100 g Zucker mit zwei bis drei Esslöffeln Wasser leicht erwärmen und darin sechs Blatt Gelatine auflösen, die man vorher in kaltem Wasser eingeweicht hat. In eine Schüssel geben und 2,5 dl Schafjoghurt beifügen. 2,5 dl Rahm schlagen und unter die Joghurtmasse ziehen. In kleine Töpfchen abfüllen und kalt stellen. Dazu je nach Saison frische Beeren, einen Ananassalat oder Aprikosenkompott servieren.

kürbisse und komplimente

_ Es gibt keinen geeigneteren Ort, nach kulinarischen Komplimenten zu fischen, als in der Kürbissuppe. Man braucht dazu nur einen hervorragenden Kürbis im Salzwasser weich zu kochen und zu pürieren. Die Suppe ist fertig, und die Komplimente sind garantiert. Der Teufel sitzt im Wörtchen «nur». Es ist sehr schwierig, einen guten Kürbis zu finden, wenn man ihn nicht selbst züchtet. Erstens muss es eine geeignete Sorte sein, und zweitens, und vor allem, muss der Kürbis vollreif sein. Unter den mehreren hundert Sorten sind bekannte wie Halloween- oder Riesenkürbis oder der Mandarin zwar sehr dekorativ, für die Küche aber suboptimal. Für Suppen bevorzuge ich den «Muscade de Provence». Er ist sehr stark gerippt und bei optimaler Reife in einem dunklen Ocker gefärbt, ohne helle Stellen. Sein dunkeloranges Fleisch hat ein intensives Aroma mit feiner Nussnote. Oft wird der «Muscade de Provence» in unreifem Zustand angeboten: Die Haut ist teilweise noch grünlich oder hellgelb, das Fruchtfleisch hellorange oder sogar gelblich. Lassen Sie die Hände davon, daraus wird auch mit allem Raffinement nie etwas Schmackhaftes.

_ Gleichwertig ist für mich der «Orange Knirps», in Frankreich als «Potimaron» sehr bekannt. Seine Haut ist tieforange, und das Fleisch besitzt ein kräftiges, leicht süssliches Aroma. Er eignet sich deshalb auch für die Dessertküche. Der «Sweet Dumpling» und der «Butterkürbis» sind im Charakter feiner und eleganter. Ihr Fruchtfleisch ist hell und sehr fein strukturiert, ihr Geschmack eher dezent. Deshalb sind sie besonders geeignet für feine Cremesuppen und für Desserts. Eine Besonderheit ist der Spaghettikürbis. Sein Fleisch zerfällt beim Kochen zu spaghettiähnlichen Fasern und kann wie Spaghetti mit einer Sauce zubereitet werden. Ein Kürbiserlebnis der Extraklasse bietet ein herbstlicher Besuch auf «Juckers Farmart» in Seegräben am Pfäffikersee. Dieser Familienbetrieb konzentriert sich seit 1997 auf das Thema Kürbis und ist inzwischen der grösste Kürbisproduzent Europas. 60 Prozent der schweizerischen Kürbisproduktion stammen heute laut Marketingleiter Martin Jucker von «Juckers Farmart», an der mittlerweile über hundert Landwirte, Firmen und Personen beteiligt sind. Und die Expansion soll laufend weitergehen. Verständlich, dass diese dynamische und sympathische Firma mit Innovationspreisen geradezu überhäuft wird.

_ Ein Besuch in Seegräben ist ein Erlebnis für die ganze Familie: Neben einer unglaublichen Vielfalt von Kürbissen gibt es auf dem Hof ein kleines Beizli, in dem man sich nach dem Spaziergang um den Pfäffikersee mit einer Kürbissuppe stärken kann, einen Streichelzoo für die Kleinen und einen Laden, in dem man die verschiedensten Artikel rund um den Kürbis kaufen kann – geröstete Kürbiskerne, kaltgepresstes Kürbiskernöl, Kürbiskernschokolade und vieles mehr.

(das Lieblingsrezept von Martin Jucker)

gratinierter spaghetti-kürbis

_ Einen mittelgrossen Spaghetti-Kürbis schälen, entkernen und in vier dicke Scheiben schneiden; im Dampfkochtopf 10 Min. weich kochen. In eine Gratinplatte oder auf ein Blech legen. Das Kürbisfleisch mit der Gabel lockern, so dass es in «Spaghetti» zerfällt, würzen und 200 g Gorgonzola und 100 g Parmesan darüberverteilen. 10 Min. bei 220° überbacken.

das fehlende kürbisrezept

_ Ich habe geschrieben, dass Kürbis ein sympathisches, weil unprätentiöses Gemüse sei. Allerdings sei es nicht ganz einfach, daraus ein Gericht mit einer gewissen kulinarischen Finesse zu kochen. Mit einer Kürbissuppe löse man bei Bekannten jedenfalls kaum mehr Begeisterungsstürme aus. Ein paar Leser meinten darauf, ich hätte mich um den Beweis gedrückt, dass mir zu diesen tollen «Bollen» etwas Originelleres einfalle. Das stimmt. Und weil auf allen Gemüsemärkten in den Wochen rund um Halloween die «Sweet Dumpling», «Halloween», «Butternut», «Muscade de Provence», «Jack be little» und Potimarron» omnipräsent sind, versuche ich dies jetzt, hoffentlich erfolgreich, nachzuholen. Für das Gelingen des Gerichtes ist die Sorte der Kürbisse weniger wichtig. Dafür müssen sie gut ausgereift sein, sonst schmecken sie wie andere Früchte auch fad, und alle Kochkünste sind vergebens. Um sicherzugehen, kann man ein Stück eines grösseren Kürbisses kaufen und vorher probieren.

(mit pikantem Potimarron-Kompott)

mandarin-kürbis

_ Für 4 Personen 4 Mandarin-Kürbisse von rund 350 g aushöhlen. 400 g des herausgelösten Kürbisfleisches klein schneiden und mit 2 Thymianzweigen, 5 cl Olivenöl und 2 Knoblauchzehen, Salz und Pfeffer würzen. Während etwa einer halben Stunde in einem Gefäss im Ofen weich schmoren. Die Thymianzweige entfernen, 1 dl Rahm und zwei Eier beifügen. Alles fein mixen und abschmecken. Diese Creme in die ausgehöhlten Kürbisse füllen, mit den Kürbisdeckeln verschliessen und bei zirka 120 ° im Ofen garen, bis die Masse durchgehend fest ist, etwa eine Stunde lang.

_ Für das Kompott: Inzwischen etwa 400 g Potimarron-Kürbis würfeln und in einer Pfanne mit Olivenöl und einer gehackten Zwiebel knapp weich dünsten. Diesem Kompott fein geschnittene schwarze Oliven, gehacktes Basilikum, ein paar gehackte geröstete Haselnüsse und ganz wenig Sherryessig beifügen. Mit Salz und Pfeffer kräftig abschmecken. Für das Haselnusssegel: 50 g geschmolzene Butter mit 20 g Mehl und einem Eiweiss verrühren. Kalt stellen. Diese Buttercreme auf ein Backpapier dünn ausstreichen. 30 g Paniermehl und 40 g geriebene Haselnüsse gleichmässig mit Hilfe eines Siebes darüberstreuen. Bei 170 ° im Ofen mittelbraun backen. Auskühlen lassen. Es entsteht ein pergamentartiges Blatt.

_ Die Mandarin-Kürbisse auf Teller anrichten, den Deckel dabei schräg stellen. Vom Kompott je einen Löffel daneben geben. Das Haselnussblatt in grosse Stücke brechen und wie ein Segel in die Mandarin-Kürbisse stecken.

prinzessin von der bohne

_ Was Profiköche privat essen, ist wohl eines der bestgehüteten Geheimnisse in der Gastronomie, weil man darob oft an ihrer kulinarischen Kompetenz zweifeln würde. Trotzdem verrate ich ein kleines Geheimnis, wenn ich gestehe, dass junge grüne Bohnen eines meiner absoluten Lieblingsgerichte sind. Ein Geständnis ist dies insofern, als ich die Bohnen zu Hause völlig ungerüstet koche, weil ich zu faul zu dieser Arbeit bin. Denn junge Bohnen haben keine Fäden, die kecken Spitzchen mag ich, und wenn ich die Stiele abbeissen muss, stört mich dies nicht im Geringsten. Im Restaurant habe ich mich allerdings noch nie getraut, ungerüstete Bohnen zu servieren, man könnte uns ja mangelnde Sorgfalt vorwerfen.

_ In diesen Wochen sind auf allen Gemüsemärkten der Stadt – auch jeweils dienstags und freitags am Bürkliplatz – malerische Haufen von verschiedensten Bohnen im Angebot. Selbst für einen erfahrenen Koch ist es schwierig, die gute Qualität zu erkennen. Grösse, Farbe, Form, Knackigkeit spielen zwar eine Rolle, aber eben nur eine relative: die kleinen Keniabohnen schmecken mir zu strohig und können trotz ihrer Kleinheit auch zäh sein, die grosse, breite Cocobohne hingegen schmeckt jung geerntet überaus zart und fein.

_ Eines ist allen Bohnen gemeinsam: Sie müssen absolut frisch sein. Bereits einige Stunden nach der Ernte beginnt der Qualitätsverlust, und selbst im Kühlschrank halten sie sich nur wenige Tage. Die Frische erkennt man leicht, indem man eine Bohne entzweibricht, sie muss knacken, und die Bruchstelle soll feucht schimmern. Unter den über hundert Bohnensorten gibt es zwei grosse Gruppen: Die langen, dicklichen Stangenbohnen, wie die Wachsbohnen oder die Cocobohnen, sind schmackhaft, wenn sie jung und frisch sind. Die kleineren, meist faden- und samenlosen Buschbohnen, die «Höckerli», sollen von hellgrüner Farbe sein, sonst sind sie zu lange ausgereift. Die besten Sorten sind die feinen Prinzess- oder Delikatessbohnen und die stricknadeldünnen Haricots verts. Diese Sorten sind selten zu finden und leider fast immer maschinell geerntet, weil sie sehr viel Arbeit machen. Bohnen müssen jedoch mehrmals pro Saison im optimalen Reifepunkt abgelesen werden, was eben nur von Hand möglich ist. Dass viele Gemüsehändler nicht einmal wissen, welche Sorte sie verkaufen, lässt nicht gerade auf einen engagierten Umgang mit diesem überaus heiklen Gemüse schliessen.

_ Adrian Schlatter aus Sünikon weiss, was er verkauft: handgepflückte Höckerli der Sorte «Clyde». Mit 9 Franken / kg gehört er zwar zu den Teuersten auf dem Bürkliplatz, aber eine Degustation in unserer Küche zeigt, dass dieser Preis mehr als gerechtfertigt ist. Adrian Schlatter meint dazu nur, Bohnen für 6 Franken / kg und weniger könnten in Anbetracht der aufwändigen Ernte niemals von erster Qualität sein. Dies kann als weiterer Einkaufstipp verstanden werden. Nun zu meinem privaten Bohnenrezept:

_ Ich werfe die gewaschenen Böhnchen mit Stumpf und Stiel in viel kochendes Salzwasser, koche sie knapp weich und giesse das Kochwasser ab. Je nachdem, was ich dazu serviere, fahre ich auf zwei verschiedene Arten weiter. Ich mische die warmen Bohnen mit etwas Sherryessig, Sonnenblumenöl, feinem Meersalz und ein paar Blättchen Majoran und serviere sie als lauwarmen Salat. Oder ich dünste eine fein gehackte Schalotte kurz in viel Butter, mische sie mit den abgekochten Bohnen und schmecke mit Salz, Pfeffer und einem winzigen Spritzer Zitronensaft ab.

_ Als ich Frau Schlatter, die wohl schon manches Kilo Bohnen gerüstet hat, meine Bohnenkochtechnik verrate, ernte ich zuerst ein ungläubiges Lachen. Doch dann meint sie: «Das muss ich jetzt doch auch mal probieren.» Hoffentlich schmeckt es ihr.

die gänseleber aus dem zürichsee

_ Der Bürkliplatz ist bei klirrender Kälte sehr übersichtlich, und die Stände sind zum grossen Teil in schützende Zelte verpackt. Die wenigen wetterharten Zürcherinnen und Zürcher sind unter sich, was man durchaus auch auf das Gemüse- und Früchteangebot beziehen kann: Winterharte Wurzelgemüse und Lagerobst dominieren das Bild, ergänzt durch südländische Zukäufe vom Engrosmarkt. Ins Auge stechen die leuchtend grünen Winterspinatbüschel, eines meiner Lieblingsgemüse. Im Gegensatz zum Frühlingsspinat, der nur kurz gewärmt wird, kochen wir den Winterspinat mit ziemlich viel frischer Butter und Olivenöl cremig weich.

_ Ich schaue bei den beiden Fischwagen von Marcel Römer und Roland Wyss vorbei, denn jetzt ist Trüschen- und Hechtzeit im Zürichsee. Am Freitag sind beide auf dem Markt, am Dienstag wechseln sie sich im Winter ab. Süsswasserfische sind, was Frische und Verarbeitung betrifft, noch viel empfindlicher als Meerfische und deshalb Vertrauenssache. Der Winter ist allgemein eine gute Jahreszeit für Süsswasserfische, denn das kalte Wasser kräftigt die Muskeln der Fische. Im Moment haben sich die Egli und Felchen allerdings verzogen, und die Berufsfischer haben Mühe, ihre Schwärme im Zürichsee aufzuspüren. Wie erwartet finden wir aber schöne Trüschen und Hechte.

_ Die Trüsche ist ein zwar bekannter, aber leider selten verspeister Bewohner des Zürichsees. Wegen ihrer schuppenlosen Haut und des grossen, gefährlich aussehenden Kopfes wird sie enthäutet angeboten. Unter Kennern ist die Trüsche vor allem dank ihrer delikaten, übergrossen Leber beliebt. Leicht gesalzen, gepfeffert und kurz in Butter gebraten, ist die Trüschenleber in ihrer Feinheit vergleichbar mit der berühmten Gänseleber. Doch von absoluter Frische muss sie sein, sonst schmeckt sie tranig. Die Trüsche selber braten wir mit Vorliebe ebenfalls in Butter, salzen und pfeffern und servieren sie zusammen mit ihrer Leber an einer Rotweinsauce aus stark reduziertem Fischfond und Rotwein. Wer keinen Fischfond zur Verfügung hat, kocht einen sehr kräftigen und fruchtigen Rotwein zusammen mit einer kleinen gehackten Zwiebel auf ein Drittel ein, püriert die Reduktion im Mixer und löst damit, bei kleiner Hitze, den Bratensatz des Fisches auf. Ein schönes Stück frische Butter gibt der Sauce die erwünschte Cremigkeit. Die gebratene Trüsche lässt sich problemlos entgräten, indem man das Rückgrat mitsamt den Gräten sorgfältig herauszieht. Dazu passt beispielsweise hervorragend der obenerwähnte Winterspinat. Mit Roland Wyss, Fischhändler und passionierter Sportfischer, komme ich ins Plaudern, und er gibt mir über seine Fische versiert Auskunft. Bedauerlicherweise würden heute die schmackhaften Trüschen, Schleien und Hasel kaum noch verlangt. Noch vor ein paar Jahren sei die Limmat um diese Jahreszeit voll Äschen gewesen. Aber da keine Nachfrage bestehe, würden keine Jungfische mehr ausgesetzt und es gebe deshalb kaum noch Äschen in der Limmat. Auch die Trüschenleber könne er selten verkaufen. Wir profitieren gerne davon.

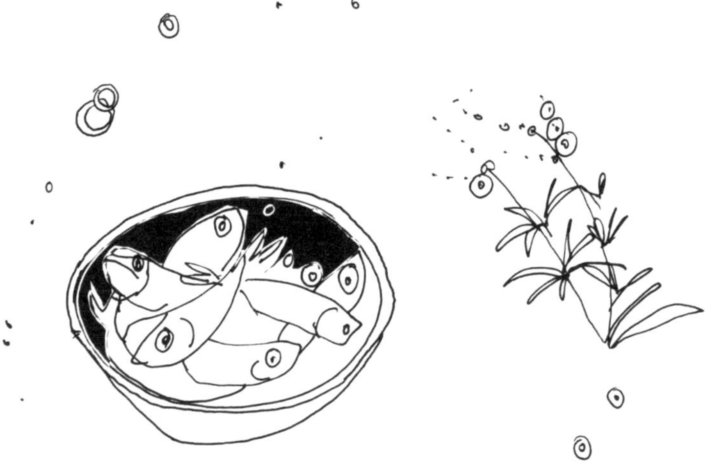

(mit Eisenkraut)

eglifilets

_ Die Eglifilets kräftig salzen und mit einem fruchtigen Weisswein kaum bedeckt dünsten. Der Sud darf dabei keinesfalls kochen, und die Filets müssen auf den Punkt genau gar sein. Die Fische aus der Pfanne heben und in einer Platte im Ofen warm stellen. Den Fischsud auf dem Herd aufkochen. Einen Esslöffel gehackte Verveineblätter und zwei Tassen frischen Rahm beifügen und kräftig einkochen, bis die Sauce leicht bindet. Mit Salz, Pfeffer und Zitronensaft abschmecken und die Eglifilets nochmals in der Sauce wärmen, ohne sie zu kochen. Dazu passen in dieser Jahreszeit neue Dampfkartoffeln und Spargeln.

herzensangelegenheiten

_ Den ganzen Frühsommer habe ich mich auf die Kirschen gefreut, eine meiner Lieblingsfrüchte. Jetzt sind sie da! Auf dem Markt lasse ich mich von der Familie Stierli gerne beraten. Die gelbroten «Herzkirschen», die grossfruchtigen «Star» und die kleineren «Wyniger Kneller» schmecken am besten frisch ab Baum. Die feuerroten «Weichsler» und die «Weichen» eignen sich mehr für Kompotte, Wähen, Chriesiprägel oder Chriesichüechli. Ich kann nicht widerstehen und kaufe gleich von allen Sorten 500 Gramm.

_ Natürlich möchte ich von der Kirschenfachfrau auch ein Rezept. Aber da wird die überaus freundliche Frau plötzlich wortkarg und meint, ich solle ihre Freundin fragen. Bin ich in ein Fettnäpfchen getreten? Urs Stierli klärt mich auf: Während der Erntezeit hätten sie die Kirschen «bis obenhin». Und nun erzählt Bethli Stierli doch noch, charmant errötend, die Geschichte der «Chriesichüechli»: Im ersten Ehejahr hat sie ihrem Schatz etwas ganz Besonderes kochen wollen. Sie hat büschelweise Kirschen mit Bindfaden zu kleinen Bündeln zusammengebunden, durch einen Omelettenteig gezogen, in ausgelassener Butter gebacken und mit Zucker und Zimt bestreut. Eine zärtliche Aufmerksamkeit in einem ohnehin arbeitsreichen Bauernhaushalt. Welche Enttäuschung, als Urs betreten im Essen stochert. Auf ihre Nachfrage meint er zu seiner jungen Frau: «Koch bitte nie mehr etwas mit Kirschen während der Erntezeit!» Für dieses Rezept nehmen wir am besten «Weichsler» oder «Weiche» und einen eher dicken Omeletten- oder Crêpe-Teig, den wir in jedem Kochbuch finden.

die wädenswiler nummer 6 sind da!

_ Jedes Jahr Anfang Juni steigt für Erdbeerliebhaber die Spannung: Wann sind die «Wädenswiler No. 6» der Familie Stierli auf dem Bürkliplatz-Markt da? Jetzt! Noch diese Woche; also schon beinahe wieder vorbei. Die ohnehin kurze Erntezeit dieser Erdbeersorte war dieses Jahr wegen des Wetters noch kürzer als sonst. Dass wir nicht die einzigen Fans der «Wädenswiler No. 6» sind, zeigt die Frage von Frau Stierli: «Haben Sie reserviert?» Neben mir meldet sich eine Frau: «Ich komme die 'Wädenswiler' für die Familie Stüssi holen!» Ich kenne kein anderes Produkt auf dem Markt, das man reservieren muss. Dabei sehen die Beeren nicht einmal besonders schön aus, sie sind bereits ein bisschen angeschlagen und sollten deshalb innerhalb eines Tages genossen werden. Das dürfte allerdings nicht schwer fallen. Eine Frau vor mir kaufte eine Schale und, während ich mit Herrn Stierli noch etwas fachsimpelte, stand sie schon wieder da und kaufte ein zweites Körbchen, weil sie das erste auf dem Weg schon beinahe aufgegessen hatte.

_Was ist das Besondere an diesen roten Raritäten? Es ist ihr wunderbar intensives Aroma von Walderdbeeren. Mir ist ausser der Familie Stierli niemand bekannt, der diese Sorte noch produziert. Herr Stierli erklärt mir, das liege daran, dass die Beeren extrem empfindlich seien. So empfindlich, dass Stierlis die Beeren nicht von ihren Angestellten pflücken lassen können, weil die Ernte Fingerspitzengefühl braucht. Zudem sind die Früchte relativ klein und besonders wetterempfindlich, also mit einem Wort nicht grossverteilertauglich. Mit 6 Franken/500 g sind sie zwar relativ teuer, aber gemessen an Qualität und Nachfrage eigentlich zu billig. Auf meinem Bummel über den Bürkliplatz finde ich noch weitere sehr gute Erdbeeren, zum Beispiel bei der Familie Traub die Sorte «Dar select». Der Biobauer Erich Traub erklärt mir, woran man, neben dem Aroma, eine gute Erdbeere erkennt: eine glänzende rote Farbe, ein intakter grüner Blätterkranz, weit auseinander liegende Samen und ein schlanker Beerenhals sind die wichtigsten Merkmale. «Petrina» heisst die beste Sorte der Familie Mörgeli, die auch eher weich und leicht verderblich, aber von intensivem Geschmack ist.

_ Ein zuverlässiges Indiz für die Qualität des Angebots ist die Art und Weise, wie die Bauern über ihre Produkte reden. Während die einen mit Begeisterung über Sorte, Pflege und Lagerung sprechen, kennen andere nicht einmal die Sorte, die sie verkaufen. Für mich bestätigt sich der Grundsatz, dass die genaue Kenntnis der Rohprodukte die wichtigste Basis für jede gute Küche ist.

erdbeer-variationen

_ Während gute Erdbeeren am besten nur mit etwas Zucker und flüssigem Rahm zur Geltung kommen, gibt es für weniger aromatische Früchte verschiedene Möglichkeiten, das Aroma etwas zu intensivieren: Man kann sie in Stücke schneiden und mit etwas Aceto Balsamico beträufeln. Oder ein wenig fein geriebener frischer Ingwer gibt ihnen eine aparte Schärfe. Etwas aufwändiger sind die Fotzelschnitten, die wir zubereiten: Einbackscheiben im Ei drehen und in Butter ausbacken. Mit Zimt und Zucker bestreuen. Die Hälfte der Erdbeeren pürieren, zuckern und leicht erwärmen. Sie mit den restlichen in Stücke geschnittenen Beeren mischen und zu den warmen Einbackschnitten servieren.

zwetschgenzeit

_Thema auf den Marktplätzen sind zurzeit die Zwetschgen. Zwar ist die Ernte, wie mir die Obstbauern sagen, dieses Jahr ausgesprochen mager, doch genügend gross, dass sich an vielen Ständen jetzt die schönen, grossen «Fellenberger» zu veritablen Bergen erheben. Der Absatz dieser grossartigen Frucht, deren Anbau bis ins Altertum zurückreicht, ist in den letzten Jahren zurückgegangen, nicht zuletzt weil die Früchte, zu früh und unreif geerntet, oft in enttäuschender Qualität in den Verkauf gelangen. Dabei ist gerade bei der Zwetschge eine gute Ausreife am Baum so wichtig, damit sich ihre intensive Süsse und ihr herrliches Aroma entwickeln können.

_Eine reife Zwetschge soll weich sein und intensiv duften. Zögern Sie nicht, den Verkäufer zu fragen, ob sie eine Frucht kosten dürfen. Ein Obstbauer mit Berufsstolz wird sich über ihre Bitte freuen. Frische Zwetschgen sind mit einem weisslichen «Duftfilm» bereift. Dieser natürliche Schutz vor dem Austrocknen entsteht durch wachsartige Ausscheidungen ihrer Haut und ist ein Zeichen für die sorgfältige Behandlung der Früchte. Auf dem Bürkliplatz finden wir unter anderen bei Peyer aus Bergdietikon eine gute Qualität. Kaum eine andere Frucht, ausser vielleicht der Apfel, lässt sich so fantasievoll und vielfältig zubereiten und verspeisen wie die Zwetschge. Die meisten anderen Früchte und Beeren schmecken am besten in ihrem naturbelassenen Zustand. Nicht unbedingt die Zwetschge, sie entwickelt ihr köstliches Aroma in seiner ganzen Komplexität erst, wenn sie verkocht wird, weshalb ich gleich zwei Rezepte vorschlage.

honigzwetschgen

_ *Die Früchte mit einem Tuch abwischen, halbieren und entsteinen. In einer flachen Pfanne Honig mit Rotwein einmal aufkochen und die halbierten Früchte sorgfältig hineinlegen, nicht mehr als eine Lage auf einmal, so dass die Früchte knapp mit Flüssigkeit bedeckt sind. Einmal kurz aufkochen und anschliessend unter dem Kochpunkt langsam gar ziehen lassen. Falls man die Honigzwetschgen nicht sofort servieren will, hebt man die Früchte aus dem Sud und lässt sie auskühlen. Vor dem Servieren nochmals im heissen Sud wärmen.*

zwetschgen-tarte

_ *Die rohen Früchte längs vierteilen. Ein Kuchenblech 2 mm dick mit weicher Butter einstreichen. Darüber 2 mm dick Zucker streuen. Blätterteig 3 mm dick zu einer runden Scheibe auswallen und auf das gezuckerte Blech legen. Die Zwetschgenviertel sehr dicht und mit der Haut nach unten auf den Teig legen, in der Form einer grossen Blume. Dabei einen Rand von 1–2 cm freilassen. Bei 200° in den vorgeheizten Backofen schieben und backen. Butter und Zucker werden sich zu einem Karamell verbinden, der mit der Zeit dem Blechrand entlang hervorquillt. Wenn dieser Karamell schön braun ist, sollte auch der Teigboden gut durchgebacken sein. Die Tarte sofort aus dem Blech heben und auf ein Kuchengitter oder ein Backpapier legen, sonst klebt sie am Blechboden fest. Nach Belieben mit Zucker und einem Schuss Zwetschgenschnaps beträufeln. Dazu passt eine Kugel Süssholzglace.*

riso amaro

_ In der italienischen Stadt Treviso findet jedes Jahr im Januar der grosse Radicchio-Markt statt, auf dem angeblich mehrere hundert verschiedene Chicorée-Sorten angeboten werden. So viele sind auf dem Bürkliplatz nicht zu besichtigen. Aber die Sortenvielfalt ist doch beachtlich, und dies ist nicht unwesentlich, weil Radicchio sehr unterschiedlich schmecken und zubereitet werden kann. Der Radicchio oder Chicorino rosso gehört zu den Zichoriengewächsen, wie der bekannte weisse Brüsseler Chicorée, aber auch die Endivie, der Zuckerhut und die früher als Kaffee-Ersatz verwendete Kaffeezichorie. Botanisch gehören sie nicht zu den Salaten (Lactuca), sondern bilden eine eigene Gruppe. Heute wollen wir uns auf den roten Chicorée konzentrieren. Es gibt zwei Haupterntezeiten: im Herbst bis zum ersten Frost und in milden Wintern ab Februar bis April. Die Vorfrühlingsernte ist für uns besonders interessant, weil wir die Wintergemüse langsam satt haben und auf die ersten Frühlingsboten warten.

_ Am bekanntesten sind die Palla rossa, runde, feste Köpfe mit relativ milder Bitterkeit. Meiner Meinung nach ist diese Chicorée-Sorte die langweiligste und eignet sich nur für Salate. Interessanter ist schon der Radicchio di Treviso, oder einfacher Trevisano. Er besitzt lange bis sehr lange, lanzenförmige Blätter und schmeckt ziemlich bitter. Trevisano kann zwar auch als Salat zubereitet werden, doch wir ziehen ihn als Schmorgemüse vor. Dazu geben wir die halbierten Büschel in eine grosse, flache Pfanne und schmoren sie mit Portwein und viel Butter weich. Den Schmorsaft kochen wir am Schluss zu einem Sirup ein, mit dem wir das sehr weich gekochte Gemüse überziehen. Für Salate verwenden wir den sehr milden Radicchio di Castellfranco, der eher einem Kopfsalat ähnelt.

_ Am liebsten verwenden wir jedoch den kleinen Radicchio di Verona. Seine kräftigen, tiefvioletten Blätter sind etwas weniger bitter als die des Trevisano und eignen sich hervorragend für einen Salat mit Aceto Balsamico und frisch gehobeltem Parmesan. Oder für den berühmten «riso amaro», ein typisches Gericht aus der benachbarten Poebene, wo bekanntlich auch Reis angepflanzt wird.

riso amaro

_ Etwas fein geschnittenen Speck und Zwiebeln in Butter dünsten. Den Risottoreis beifügen und ebenfalls glasig dünsten. Mit einem Gläschen Sherry ablöschen und ein grösseres Glas Weisswein beifügen. (Für Italienpuristen ist Sherry im Risotto natürlich ein Sakrileg, doch habe ich diese Idee vom grossen Piemonteser Koch Cesare übernommen, da wollen wir doch nicht päpstlicher sein als der Papst.)

_ Während der ganzen Garzeit von etwa 20 Min. fügen wir dem Reis die zweieinhalbfache Flüssigkeitsmenge zu, je nach Geschmack Geflügel- oder Gemüsebouillon. Dabei soll der Reis immer gut befeuchtet sein, aber nicht unter Wasser liegen. Regelmässig umrühren, damit die Reiskörner gleichmässig aufquellen. Gegen Schluss die Radicchioblätter, frisch geriebenen Parmesan und viele weiche Butterstücklein unterrühren. Wie viel, ist eine Sache des Geschmacks und des Kalorienbudgets, ich kann für uns nur sagen, wir nehmen viel, sehr viel! Den Risotto, wenn nötig, nachsalzen und sofort servieren.

«frische» küche

_ Kürzlich bemängelte ein Gast in meinem Restaurant, dass unser Feigen-Tatar nicht aus frischen, sondern aus gekochten Feigen zubereitet sei. Er meinte, ich würde doch in meiner Kolumne immer betonen, wie wichtig die Frische sei. Eine spannende Kritik, weil sie zu verschiedenen Überlegungen Anlass gibt. Mein Gast meinte wohl, dass er ein Tatar aus rohen (frischen) Feigen meinem Tatar aus frischen, gekochten Feigen vorziehen würde. Ich meine, über diese Präferenz lässt sich unter Feinschmeckern trefflich streiten. Ich akzeptiere jedoch zerknirscht, dass ich das Adjektiv «frisch» manchmal unpräzis verwende. Kaum ein anderes Wort wird in der Lebensmittelbranche und in der Kommunikation so oft gebraucht und missbraucht: sei dies bei der Fertigsauce mit «frischen» Kräutern, der Rösti im Alubeutel aus «frischen» Kartoffeln.

_ Selbst ein Haarshampoo kann nach «frischen» Kräutern duften. Frisch ist ein Adjektiv mit sehr vielen Bedeutungen. Machen wir die Gegenprobe: Was ist das Gegenteil von frisch? Beispielsweise «getrocknet»: Frisches Bündnerfleisch kann frisch aufgeschnitten bedeuten oder noch zu frisch, also zu wenig getrocknet meinen. Das eine Mal ist es positiv, das andere negativ besetzt. Frisch meint bei Erbsen dagegen etwas ganz anderes, nämlich erntefrisch. Rindsfilet oder Entrecôte werden dagegen im Allgemeinen viel zu frisch, also zu wenig gelagert, verkauft. Ein «taufrischer» Salat besteht nicht nur aus frisch geernteten Blättern, sondern sollte auch angenehm kühl serviert werden. Frischer Parmesan kann ebenfalls positiv oder negativ gemeint sein. Bekanntlich muss er mehrere Jahre sorgfältig gelagert, also nicht zu frisch sein. Andererseits schmeckt Parmesan viel besser, wenn er frisch gerieben und nicht gerieben abgepackt wird. Mit Frische wird heute ein eigentlicher Kult betrieben. «Frisch» ist, wie übrigens auch «natürlich», ein Gut-Wort, ein Wort, dass emotional prinzipiell positiv besetzt wird, egal, was genau damit gemeint ist, und obwohl dies offensichtlich keineswegs immer gerechtfertigt ist. Die Lebensmittelwerbung macht davon ausgiebigen, teilweise schamlosen Gebrauch. Tatsächlich schmecken einige Gerichte «nicht-frisch» besser: Als ich in meinem ersten Jahr als Wirt die Spätzli, anstatt in der Bratpfanne aufzuwärmen, frisch aus dem Wasser gezogen und in Butter gedreht servierte, war die Enttäuschung der Gäste riesig.

_ Um auf den Anfang zurückzukommen: Ich ziehe ein Aprikosenkompott aus getrockneten Früchten den rohen Früchten vor, weil sich beim Kochen ihr Aroma erst richtig entfaltet. Aus dem gleichen Grund verwenden wir für unser Feigen-Tatar die intensiv duftenden Feigen der Firma Favols, die nach einem ausgeklügelten Verfahren dehydriert worden sind (zu beziehen bei: Société Saveur 2000, 1219 Châtelaine). Das folgende Rezept funktioniert aber auch mit rohen, nicht allzu weichen Früchten.

feigen-tatar

_ *Die Feigen in feine Würfel schneiden. Mit erstklassigem Aceto Balsamico di Modena beträufeln. Ganz wenig Salz und Pfeffer beifügen. Ein paar gehackte Cashewnüsse darunter mischen. Auf dem Teller zu einem Tatar formen, etwas Sauerrahm dazugeben und mit ein paar Salatblättern, die man mit wenig Salatsauce benetzt hat, garnieren. Mit Toast servieren.*

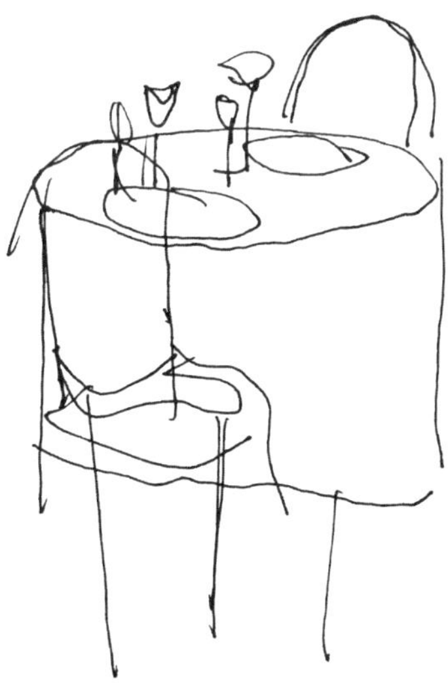

trockene kost

_ In meiner letzten Kolumne habe ich über den schillernden Begriff «Frischküche» räsoniert. Heute geht es um trockene Kost, genauer, um Trockenfleisch und Würste. Seit Generationen ist die Metzgerfamilie Giovanoli in Maloja bei Feinschmeckern in der ganzen Schweiz wegen ihrer Bündner Spezialitäten legendär. Trotzdem musste ich mich beim ersten Besuch erst auf der Post nach dem wunderschön, etwas abseits gelegenen Bauernhaus erkundigen.

_ Wie oft bei wirklichen Spitzenlieferanten habe ich das Gefühl, dass Reto Giovanoli am Verkauf seiner Würste weit weniger interessiert ist als an ihrer Herstellung, in die er seine ganze Erfahrung, sein Herzblut und seinen Berufsstolz investiert. Sympathisch, in einer Zeit, in der mit der nötigen Cleverness erfolgreich oft der grösste Unsinn verkauft wird. Freundlich, aber trocken ist die Begrüssung dieses Mannes. Etwas ratlos stehe ich im kühlen Kellerraum vor den verschiedensten Würsten, die sich später als Gämsschlegel, getrocknete Leber- und Blutwürste, Hirschbinde, Rohschinken und Steinbocksalsiz herausstellen.

_ Was macht denn Giovanolis Bündner Spezialitäten so besonders gegenüber den meisten andern? Wohl die Gewürze, meint er ausweichend. Klar, denke ich, und jetzt kommen die «Geheimrezepte» seines Grossvaters, der bereits Metzger im legendären Palace-Hotel Maloja war. Aber nein, Schlag auf Schlag folgen knallharte Qualitätskriterien: nur Qualitätsfleisch für die Würste, keine Fleischabfälle. Weniger Salz für das Bündnerfleisch, dadurch verliert es mehr Wasser und Gewicht und gewinnt an Geschmack. Kein Salpeter und keine Konservierungsmittel zur Rötung des Fleisches: Giovanolis Bündnerfleisch ist im Anschnitt beinahe schwarz. Längere Trocknungszeit, dadurch wird der Geschmack noch konzentrierter. Das bedeutet aber nochmals einen kostspieligen Gewichtsverlust. Wo ist eigentlich der Trocknungsraum? Reto Giovanoli deutet durch das Fenster auf die Alpwiese. Vom Oktober bis im April hängen die Würste auf der Alpwiese, nur im Januar und Februar kommen sie wegen der Kälte in den Keller.

_ Entscheidend ist auch die Auswahl der Tiere: kein Kuhfleisch von ausgelaugten Tieren, die auf Milchmast gezüchtet wurden, sondern nur erstklassiges «Swiss Prime Beef» von Tieren, die speziell für die Fleischmast gezüchtet wurden. Wir degustieren «Limousin»-Rind, die berühmte Rinderrasse aus Frankreich. Reto Giovanoli erzählt, dass er das DOC-geschützte Label «Bündnerfleisch» nicht benützen darf: Zu tiefer Salzgehalt, zu lange Trocknungszeit und keine Pressung in die praktische viereckige Form. Er nennt deshalb sein Bündnerfleisch «Pila»-Trockenfleisch.

_ Mit einem scharfen Küchenmesser schreiten wir zur Degustation. Doch zuvor eine Warnung: Diese Würste zeigen Charakter und sind nicht geeignet für zarte, an feinen Warenhaus-Delikatessen geschulte Gaumen:

_ Bündnerfleisch, Entschuldigung, «Pila»-Fleisch, in trockenen, recht dick geschnittenen Scheiben, entwickelt bereits beim Aufschneiden einen intensiven animalischen Fleischgeruch und entfaltet im Mund eine kraftstrotzende Aromavielfalt von Rind, Heu und salzigen Kräutern.

_ Getrocknete Leberwurst, im Biss viel weicher, mit deutlichem Lebergeschmack, aber wunderbar abgerundet durch Fruchtaromen und dezent scharfe Gewürze.

_ Hirschsalsiz, ein hartes, pechschwarzes, stark gepfeffertes Fleischbonbon lässt einem das Wasser im Mund zusammenlaufen und, dadurch weicher geworden, setzt ein Feuerwerk von verschiedenen Geschmacksempfindungen frei.

_ Man kann alles bei Tine Giacobbo und Katharina Siniger im Restaurant Alpenrose an der Limmatstrasse in Zürich verkosten. Im Garten des Restaurants Neumarkt von René Zimmermann gibt es den Rohschinken zu probieren. Die Kunden von Reto Giovanoli sind hauptsächlich Privatkunden aus der Schweiz, die sich die Delikatessen per Post schicken lassen.

kraftwurzeln

_ Die schlimmste Erinnerung an die Winterzeit meiner Kindheit ist der allmorgendliche Löffel Lebertranöl. Heute peppen die Kids den Mangel an Sonnenenergie mit Energiedrinks und Powermüesli auf, was ich eindeutig als zivilisatorischen, wenn auch nicht unbedingt kulinarischen Fortschritt betrachte. Die kulinarischen Möglichkeiten dieser Jahreszeit sind indessen unverändert geblieben, immer noch gilt «Roti Rüebli git gsundi Büebli». Ein morgendlicher Bummel in der fahlen Wintersonne zwischen den kargen Marktständen hindurch führt mich vor allem an verschiedensten Arten von Wurzelgemüsen vorbei: Sellerie, Pastinaken, Topinambur, Petersilienwurzeln, Randen, weisse, schwarze, gelbe und rote Rüben prägen das Angebot.

_ Diese Gruppe von Gemüsen passt sehr gut in die sonnenarme Jahreszeit, nicht von ungefähr spricht man von «Kraftwurzeln» oder «Saftwurzeln». Die Pastinake beispielsweise, eine der ältesten Sammelpflanzen Europas, enthält Eiweiss, Zucker, Fett, Phosphor, Eisen, Kalzium, Kalium, die Vitamine A, B1, B2, B6 und C sowie verschiedene ätherische Öle; die Rande zusätzlich noch Magnesium, Natrium, Schwefel, Jod und Niacin. Eine sympathische Eigenschaft der Wurzelgemüse ist zudem, dass sie ohne schädliche Nitrate und ohne energiefressende Treibhausheizung gedeihen.

_Wurzelgemüse gelten im Allgemeinen als gesunde, aber langweilige Gemüse. Doch das muss keineswegs so sein. Besonders witzig finde ich die Petersilie. Während ihre Blätter das meistverwendete und langweiligste Küchenkraut der Schweiz darstellen, lässt sich aus der Wurzel ein apartes Süppchen zubereiten: die Wurzeln schälen, klein schneiden, weich kochen und mit etwas Rahm pürieren. Bekanntlich ist rohes Gemüse besonders nährstoffreich. Unser Rezept ist eine eigentliche Vitaminbombe, wird das rohe Gemüse doch noch zusätzlich mit Orangen angereichert.

(mit Orangen und Ingwer)

gebeiztes wurzelgemüse

_ *Für dieses Gericht können die verschiedensten Wurzelgemüse verwendet werden. Wir nehmen meist zu gleichen Teilen rohe Randen, Rüebli und Peterliwurzeln und schneiden diese in sehr feine Streifen, so genannte «Julienne». Diese marinieren wir für mindestens drei Stunden mit Orangensaft, wenig Zitronensaft, frisch gemahlenen Korianderkörnern, Salz, Pfeffer, frisch geriebenem Ingwer und Meerrettich. Vor dem Servieren mischen wir noch etwas Olivenöl und kleine Orangenstückchen dazu. Serviert wird das Ganze als Vorspeise, anstelle von Salat, oder als Beilage zu Fisch.*

kraftwurzeln – nochmals gefordert

_ Aus verschiedenen Rückmeldungen zur Kolumne über winterliches Wurzelgemüse schliesse ich, dass dieser Gemüsefamilie zwar durchaus ernährungsphysiologische Qualitäten zugesprochen werden, dass die Feinschmeckerinnen unter der Leserschaft eher ratlos sind und ihre männlichen Artgenossen vor allem den Spatz aus der Militärgamelle damit in Verbindung bringen. Tatsächlich sind aufgeweichte Rüebli- und Selleriestücke, die zwischen fetten Rindfleischstücken in einer Bouillon schwimmen, kein kulinarischer «Überflieger». In Kochbüchern, auch in vegetarischen, gibt es merkwürdig wenige Rezepte mit Wurzelgemüse, die einem das Wasser im Munde zusammenlaufen lassen. Ich bekenne, mein Hinweis, mit diesen Wintergemüsen kreativ umzugehen, war etwas salopp, so etwas ist schneller gesagt als getan. Ich werde deshalb vor allem verschiedene Ideen zur Zubereitung von Wurzelgemüse vorstellen und weniger die einzelnen Arten beschreiben. Es ist ja in der Küche ohnehin so, dass man sich nicht sklavisch an ein bestimmtes Rezept halten, sondern sich vom Markt und dem persönlichen Geschmack leiten lassen sollte. Dabei ist es von Vorteil, wenn man ein paar Grundzubereitungen kennt, die je nach Situation abgewandelt werden können.

(für dieses Rezept eignen sich auch andere Wurzelgemüse mit intensivem Eigengeschmack wie Sellerie, gelbe Rüben, Petersilienwurzeln)

pastinakenpüree

_ Man kocht das geputzte und zerkleinerte Gemüse in viel Salzwasser weich und mildert damit gleichzeitig das strenge Aroma. Anschliessend lässt man das Gemüse gut ausdampfen und püriert es im Mixer. In einer Pfanne schlägt man das Püree bei mittlerer Hitze mit einem Schwingbesen auf und gibt nach und nach Doppelrahm dazu, bis eine cremige und gleichzeitig feste Masse entsteht; mit Salz und Pfeffer abschmecken.

rüebli in chardonnay mit zitronenthymian

_ Die ganzen, geschälten Rüebli mit einem schönen Stück Butter in eine Pfanne geben, mit Chardonnay knapp bedecken und mit Meersalz nicht zu kräftig salzen. Zugedeckt bei milder Hitze schmoren lassen. Ab und zu etwas rühren und nach Bedarf etwas Wein nachgiessen. Am Schluss sollte der Wein zusammen mit der Butter zu einem Sirup einreduziert sein. Sobald die Rüebli weich sind, einen Zweig gehackte Zitronenthymianblätter beifügen und nochmals ein paar Min. ziehen lassen. Zusammen mit einer Polenta, einem Risotto oder einem Kartoffelstock ist jede weitere Beilage überflüssig.

sellerie-piccata

_ Sellerieknollen schälen und wie Kalbfleisch für Piccata in Scheiben schneiden. In wenig Salzwasser knapp weich kochen und auskühlen lassen. Mit Eiern, Mehl und Parmesan eine Piccata-Masse zubereiten. Die Selleriescheiben in Mehl und anschliessend in der Piccata-Masse wenden. Bei milder Hitze mit etwas Butter in der Bratpfanne beidseitig braten. Dazu einen Safranrisotto oder Tomatenspaghetti servieren.

(mit getrockneten Morcheln)

topinambur

_ Topinambur schälen und in etwa haselnussgrosse Stücke schneiden. Mit Butter, einer gehackten Zwiebel und etwas Salzwasser zugedeckt knapp weich kochen. Die getrockneten Morcheln in warmem Wasser einweichen, anschliessend das Wasser gut auspressen und damit die Pilze auch gleichzeitig waschen. Die Pilze klein schneiden und den Topinambur-Stücken beifügen. Etwas Rahm zugeben und die Flüssigkeit bei starker Hitze zu einer kräftigen Creme einkochen. Am Schluss mit Salz und Pfeffer abschmecken.

der verlorene paradiesapfel

_ Wie Sie wissen, beschäftigt mich das Thema «die Qualität der Tomaten» immer wieder aufs Neue. Anfang März habe ich in der Migros Tomaten gekauft, und zwar biologische aus Holland. Mir ist nicht ganz klar, was die Migros unter biologisch versteht, und ich frage mich, unter welchen Bedingungen in Holland im kalten Februar solche Tomaten wachsen können. Mir ist klar, dass ein Grossverteiler ganzjährig Tomaten führen muss, nur frage ich mich, wie glaubwürdig Bio-Labels in solchen Fällen sind.

_ A propos Tomaten: Letztes Jahr hatte ich auf dem Bürkliplatz eine lustige Begegnung. Ich kaufte bei Ernst Wettstein zwanzig Kilo seiner aromatischen Früchte, und während er sie mir bereitlegte, sprachen wir ausführlich über die richtige Lagerung. Für mich sind die kleinen Fachsimpeleien die Würze eines gemütlichen Marktbummels. Eine elegante, offensichtlich sehr gestresste Dame neben mir meinte ungeduldig, das wisse man doch alles, sie könne eben kochen. Solchermassen zurechtgestutzt packte ich meine Tomaten eiligst in Papiersäcke, worauf die Dame empört meinte, so würde ich die Früchte zerdrücken. Ich erwiderte darauf, auch wenn sie sicher gut kochen könne, wisse sie doch nicht, was ich mit den Tomaten vorhabe. Ich würde sie nämlich sechs Stunden in den Ofen schieben, und nachher sähen die Früchte ohnehin ziemlich zerdrückt aus. Ihr ratloser Blick liess vermuten, dass sie dieses Rezept noch nicht kennt:

karamelltomaten

_ Reife, aromatische Tomaten waschen, und Fliege sowie Strunk grosszügig herausschneiden. In das entstandene Loch ein grösseres Stück Butter schieben, etwas konzentrierten Aceto Balsamico darüberträufeln und mit Zucker und Salz bestreuen. Die Tomaten bei etwa 120 ° 6 Std. in den Ofen schieben. Dabei verdunstet Wasser, das Aroma der Tomaten wird dadurch immer konzentrierter und das Fruchtfleisch schmelzend weich. Sorgfältig die Haut entfernen und die Tomaten in der Butter-Essig-Mischung drehen. Bis zum Essen warm stellen.

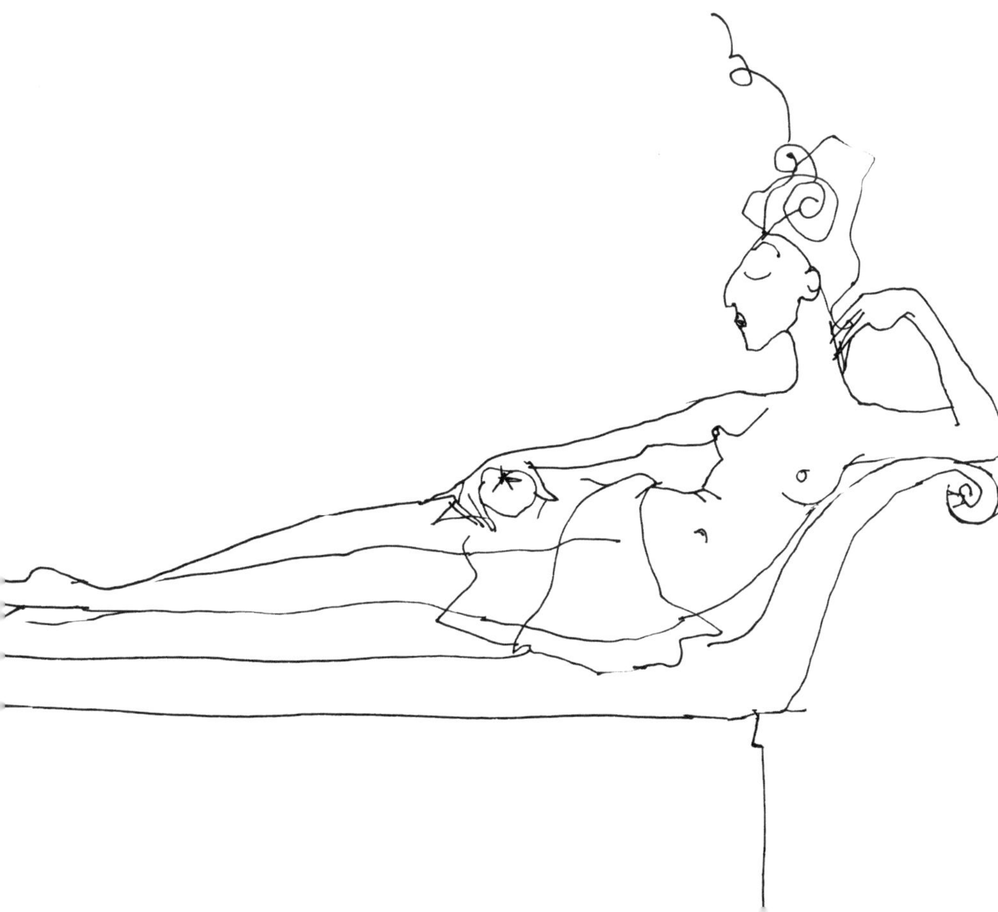

weitere tomatengeschichten

_Tomaten sind das beliebteste Gemüse der Schweizer und auch eines meiner Lieblingsgemüse. An dieser Stelle habe ich schon über die Freuden und Leiden des Tomateneinkaufs geschrieben. Diesmal möchte ich auf die Tomatensauce näher eingehen, die im Hollywood-Streifen «Ragu» sogar zu Filmehren gekommen ist. Jede Köchin mit Faible für die italienische Küche kennt wohl das Geheimrezept einer italienischen Mamma für die allerbeste Tomatensauce. Ich möchte dieses spannende und vielseitige Thema etwas systematisch angehen. Für mich gibt es für Tomatensaucen ein Zubereitungsprinzip und drei ganz verschiedene Grundsaucen, von denen es wiederum unzählige Ableitungen gibt.

_ Das Grundprinzip für alle Saucen lautet: Die Tomate ist ein saures Gemüse und benötigt deshalb in jeder Zubereitung viel Fettstoff, sei dies in Form von Öl, Butter oder Rahm. Eine Tomatensauce funktioniert nach dem gleichen Prinzip wie eine Salatsauce, wo die Säure des Essigs mit Öl ausgeglichen wird. Die Grundsaucen sind: die kalte Sauce aus pürierten, rohen Tomaten; die kurz gekochte Sauce aus frischen Tomaten und die lang geschmorte Tomatensauce. Die Qualität der Früchte ist für das Gelingen entscheidend, es muss eine aromatische Sorte in gut ausgereiftem Zustand sein. Leider schmecken die meisten Tomaten nach nichts, und dementsprechend wird die Sauce. Natürlich kann man mit Kräutlein nachhelfen, aber dann hat man eben eine rote Kräutersauce und keine Tomatensauce. In diesem Fall sind die guten Büchsentomaten vorzuziehen oder ein gutes Tomatenpüree.

_ Für die kalte Sauce püriere ich reife, aromatische Früchte im Cutter oder im Mixer und streiche sie anschliessend durch ein Sieb. Mit Salz, Pfeffer und etwas abgeriebener Zitronenschale würzen. Unter ständigem Mixen gebe ich in einem dünnen Faden ein erstklassiges Oliven-, Baumnuss- oder Haselnussöl bei, bis eine samtene, hellorange Creme entsteht. Ob man weiter noch Knoblauch, Basilikum oder ein anderes Kräutlein beifügt, ist Geschmackssache. Eine aparte Note gibt etwas geriebener, frischer Ingwer.

_ Die kurz gekochte Sauce liebe ich besonders, weil man die fruchtige Frische der Tomate speziell gut schmeckt. Dafür dünste ich eine fein gehackte Zwiebel und nach Belieben etwas Knoblauch in Butter an und gebe die grob gewürfelten Tomatenstücke bei. Etwa eine Minute kochen lassen. Anschliessend die Sauce pürieren und durch ein Sieb streichen. Zurück in die Pfanne geben und mit Salz, Pfeffer, Zitronenschale und Kräutern nach Belieben würzen. Ich verwende dazu besonders gerne englische Pfefferminze. Unter vorsichtigem Erwärmen und ständigem Rühren nach und nach kalte Butterstücklein darunterziehen, bis eine samtig milde Creme entsteht, dabei sollte die Sauce nicht kochen, da sonst die viele Butter ausscheidet. Nochmals leicht salzen.

_ Die geschmorte Tomatensauce beginne ich auch mit einer gehackten Zwiebel und Knoblauch, dazu ein wenig Tomatenpüree. Anschliessend geben wir gewürfelte Tomaten, ein Lorbeerblatt, eine Nelke, ein paar schwarze Pfefferkörner und eine Prise Zucker dazu und lösche mit italienischem Rotwein ab. Dann lässt man die Sauce bei kleinster Hitze etwa zwei bis drei Stunden vor sich hin schmoren. Dabei verliert sie ihre Säure und wird schön rund und mild.

_ Am Schluss mit Olivenöl, gehackten Oliven und frischem Rosmarin abschmecken. Diese Sauce hat durch das lange Kochen zwar ihre frische Fruchtigkeit verloren, dafür an Kraft gewonnen, weshalb ich auch mehr Gewürze beifüge. Für Pasta und Fisch ziehe ich eindeutig die frischen Saucen vor, für Fleischgerichte dagegen schmeckt eine geschmorte Sauce hervorragend.

holde dolden

_ An den Waldrändern stehen jetzt die Holunderbüsche in voller Blüte und verströmen einen feinen Duft nach Honig. Neben dem bekannten Holunderblütensirup gibt es in der Küche noch weitere, raffinierte Verwendungsmöglichkeiten für diese aromatischen Dolden. Zuerst jedoch noch eine kurze Zwischenbemerkung zum Thema Blüten und Blumen in der Küche.

_ In gewissen trendigen Restaurants ist es Mode geworden, beinahe jede Art von Blumen und Blüten auf den Teller zu legen. Diese Sitte, im asiatischen Raum in eine alte Kochkultur eingebettet und berechtigt, verkommt bei uns zur Unsitte, wenn damit einfach die Einfallslosigkeit des Kochs kaschiert wird. Mich erinnern diese Blumendekorationen an die Peterlibüscheli und Spargelspitzen der schlecht bürgerlichen Küche. In unserer Esstradition gilt seit Auguste Escoffier, dass nur essbare Zutaten auf den Teller gehören. Nun mag man sich über solche Dogmen mokieren. Immerhin sollte aber für den Gast erkennbar sein, ob dieser Blumenschmuck essbar oder allenfalls sogar ungeniessbar ist. Einzelne Blumen und Blüten haben allerdings auch in unserer Küche eine Tradition: Im Kochbuch von Goethes Grossmutter habe ich eine Schlüsselblumensuppe gefunden. Kapuzinerblüten und -blätter geben dem Salat eine aparte Note. Auch von Kräutern wie Pfefferminz, Kerbel, Borretsch oder Salbei sind die Blüten essbar und zudem dekorativ.

_ Doch zurück zu unserem Holunder. Er muss gepflückt werden, wenn sich die Blüten eben geöffnet haben, die geschlossenen Knospen und die verblühten Dolden haben kein Aroma. Die Blüten sollten trocken sein und müssen am selben Tag noch zubereitet werden, da sie ihr Aroma schnell verlieren. Für die «Holunderchüechli», die wir backen, wird im Originalrezept ein Bierteig verwendet. Ich ziehe einen leichteren Crêpe-Teig vor.

(nach «unserer Art»)

holunderchüechlein

_ Die Holunderblüten säubern, aber keinesfalls waschen. Einen leichten Crêpe-Teig zubereiten: Die Mengen hängen von der Grösse und Anzahl der Blüten ab. Als Mengenverhältnis ist zu empfehlen: 300 g Mehl, 4 Eier, etwa 4 dl Milch, 1 EL flüssige, warme Butter, Zucker, Salz. Alle Zutaten in einer Schüssel gut verrühren. Eine grosse Teflonpfanne erhitzen und dann leicht ausbuttern. Die Holunderdolden am Stiel halten und die Blüten in den Teig tauchen, leicht abtropfen lassen und mit den Blüten gegen unten und dem Stiel gegen oben in die Pfanne stellen. Sobald der Teig hellbraun gebacken ist, herausnehmen und mit Zucker und Zimt bestreuen. Wir servieren dazu ein Ragout von frischen Erdbeeren und eine Glace von flambierten Bananen.

zubereiten

_ «Wie ich das alles so niederschreibe, kommt mir ein Satz von Auguste Escoffier, des fraglos bedeutensten Küchenchefs des letzten Jahrhunderts, in den Sinn: 'Die Kochkunst wird wissenschaftlich werden, ohne aufzuhören Kunst zu sein.'»

kartoffel

_ «En guätä Härdöpfel mitenand», erinnern Sie sich? Diese unsäglich doofe, millionenteure, staatlich subventionierte Werbekampagne hat mich damals derart genervt, dass ich ihretwegen meinen Arbeitsweg geändert habe. Die Kartoffelproduzenten scheinen uns Kartoffelesser ohnehin für doof zu halten: Vor mir liegt ein kleiner Kartoffelsack. Auf der Rückseite stehen Informationen zu den verschiedenen Sorten. Für Kartoffelstock und Pommes frites werden Bintje und Agria empfohlen, für Kartoffelsalat und Salzkartoffeln ebenfalls. Jeder Kartoffelkoch weiss jedoch, dass man für Salz- und Salatkartoffeln festkochende, für einen luftigen Stock mehlige Kartoffeln benötigt. Wer für diese vier Gerichte die gleiche Sorte empfiehlt, versteht von Kartoffelkochen null und nichts. Ich schreibe dies alles so ausführlich auf, weil für das Gelingen von Kartoffelgerichten die Wahl der richtigen Sorte die wichtigste Voraussetzung ist. Für mich sind die tollen Knollen eines der faszinierendsten und besten Nahrungsmittel überhaupt: Vitamin- und mineralstoffreich, kalorienarm, das ganze Jahr erhältlich, billig, allseits beliebt und vor allem unendlich vielseitig in der Zubereitung: Cremige Gratins, luftige Pürees, knusprige Rösti, krosse Frites, schmelzend weich als Salat, oder jung und knackig als Frühlingskartoffel mit Bärlauch. Für jeden Marketingspezialisten müsste die Kartoffel ein Traumprodukt sein. Ihren Siegeszug begann sie in Europa als Luxusdelikatesse der Fürsten und Könige und wurde erst vor relativ kurzer Zeit zur Armeleutekost. Traurig deshalb, dass sie bei uns zur Industrieware verkommen ist. Von den über 200 Sorten wird inzwischen noch ein gutes Dutzend angebaut, die alle gleich langweilig schmecken und die gleichen durchschnittlichen Kocheigenschaften haben. Zu diesem Thema die Frage eines Lesers: «Lieber Herr Brunner, wissen Sie, wo ich die Kartoffelsorte 'ratte' in der Schweiz erhalte? Im Elsass gibt es sie in der Saison auf jedem Markt und aus München nehmen wir uns immer Bamberger Hörnchen mit.» – «Nein lieber Leser, die 'rattes' gibt es meines Wissens nur im Kanton Genf oder im Ausland. Man fährt eben nicht nur wegen der tieferen Preise über die Grenze, sondern auch wegen der besseren Qualität, obschon die Schweizer Nahrungsmittel weltrekordmässig teuer sind.» Doch wenden wir uns jetzt ein paar wichtigen Grundzubereitungen zu. Je nachdem, ob die Kartoffeln roh oder gekocht, kalt oder warm, mit Butter oder mit Wasser, ganz oder geschnitten verarbeitet werden, gilt es ganz unterschiedliche Kochregeln zu beachten. Ich beginne heute mit dem Kartoffelstock, der Winter ist dazu ideal, weil wir möglichst mehlige Knollen brauchen. Im Frühsommer sind sie beispielsweise zu feucht und zu klebrig. Kartoffelstock sollte übrigens nicht mit dem Kartoffelpüree verwechselt werden, das in vielen deutschen und französischen Kochbüchern beschrieben wird.

kartoffelstock

_ Wir schälen 1 kg Kartoffeln, schneiden sie in recht grosse Stücke und geben sie in mindestens 5 Liter kochendes Salzwasser. Während die Kartoffeln kochen, wärmen wir 2.5 dl Milch und würzen sie mit wenig Salz, Muskat und Streuwürze. Sobald die Kartoffelstücke richtig weich sind, giessen wir das Wasser ab und lassen sie ausdampfen, wobei wir sie leicht zerdrücken, damit möglichst viel Dampf austritt. Noch heiss drücken wir sie anschliessend durch das Passe-vite direkt in die warme Milch. Man kann sie auch mit den Schwingbesen unter die Milch rühren, aber keinesfalls mit dem Mixstab, das gäbe einen fürchterlichen Leim. Zum Schluss heben wir nach und nach 100 g sehr weiche Butterstückchen darunter. Jetzt kommt das letzte Kartoffelstockgeheimnis: Wir stellen den fertigen Stock luftdicht verschlossen für etwa eine halbe Stunde in den 120° warmen Ofen. Dabei geht er auf wie ein Soufflé und wird luftig leicht. Zur Abwechslung kann man die Butter durch 1 dl Olivenöl ersetzen oder die Kartoffeln mit ein paar Selleriestücken anreichern. Sehr gut schmeckt der Stock auch mit fein gehacktem Kerbel oder Rosmarin.

kartoffel (2)

_ Für den Kartoffelstock in der letzten Kolumne benötigten wir eine mehlige Sorte. Für die Rösti ist die Wahl einiges komplizierter. Rösti ist ohnehin ein zeitungfüllendes und hochemotionales Kochthema, bei dem ich mich keinesfalls auf einen kulinarischen Ast hinaus wagen würde, es gibt in der Schweiz soviele «Beste Röstis», wie es kochende Mütter und Grossmütter gibt, und ich bleibe deshalb lieber bei ein paar Basisinformationen.

_ Zuerst, es gibt zwei grundverschiedene Zubereitungen, nämlich diejenige aus gekochten und diejenige aus rohen Kartoffeln, wobei die zweite zwar ein gutes Kartoffelgericht, meiner Meinung nach aber keine richtige Rösti ist, bleiben wir also bei der Ersteren. Die Kartoffeln werden am Vortag in der Schale gekocht und über Nacht in der Küche stehen gelassen. Nur so haben die Kartoffelspäne nachher die geeignete Konsistenz.

_ Bei der Wahl der Kartoffelsorte haben wir bereits die nächste Entscheidung zu treffen: Mit einer festkochenden Sorte bekommen wir eine saftige, aber magere Rösti, mit einer mehligen eine buttrige und schmelzend weiche. Im Frühsommer ist es übrigens nahezu unmöglich gute Röstikartoffeln zu finden, weil die Kartoffeln der neuen Ernte zu nass sind und die Rösti matschig wird. Doch zurück zu den gekochten Kartoffeln: Am folgenden Tag werden sie geschält und an der Röstiraffel gerieben. In anderen Kantonen werden sie auch gescheibelt, aber nicht im Kanton Zürich! In einer Schüssel würzt man sie mit Salz, Pfeffer und wenig Muskat, denn in der Pfanne wird die Würzung nicht gleichmässig. Dann kommt wieder die gute alte Gussbratpfanne zum Zuge, nur sie gewährleistet die gleichmässig intensive Wärme, die wir für sie benötigen. Als Fettstoff wären Schweineschmalz oder Rindertalg ideal, kein anderes Fett gibt eine so herrlich aromatische Kruste, aber Gesundheitsberaterinnen raten davon ab, weshalb wir eine Mischung aus Erdnussöl und frischer Butter benützen: Wir geben zuerst etwas Erdnussöl in die heisse Pfanne und gleich anschliessend ein schönes Stück frische Butter, die sogleich kräftig aufschäumen soll. Damit sie nicht verbrennt, geben wir sofort die kalten Kartoffelspäne dazu und formen sie dem Rand entlang mit einem Spatel zu einem gleichmässigen Kuchen. Der darf weder zu dick sein, sonst wird er pampig, noch zu dünn, sonst wird er trocken. Gleichzeitig reduzieren wir die Hitze, denn eine gleichmässig rotgoldene Kruste braucht Zeit, mindestens eine halbe Stunde für beide Seiten. Keinesfalls darf man die Kartoffelspäne mit dem Spachtel flach drücken, im

Gegenteil, sie sollen möglichst lange locker bleiben, damit sie rundum knusprig werden. Sobald wir am Rand die goldbraune Kruste mehr erahnen als sehen können, lassen wir rundherum nochmals Butter in die Pfanne fliessen, legen einen Teller auf die Pfanne, drehen die Rösti auf den Teller, geben wieder ein rechtes Stück Butter dazu und lassen die Rösti wieder hineingleiten. In einer Teflonpfanne kann man mit weniger Butter arbeiten, aber natürlich erhält man niemals dieselbe Kruste und das köstliche haselnussige Aroma. Für eine gewisse Zeit kann man die fertige Rösti im Ofen warm stellen, mit der Zeit verliert sie allerdings dabei ihre Knusprigkeit. Die gewinnt man wieder zurück, indem man sie unter der Grillschlange nochmals richtig erhitzt.

_ Nun zu den rohen Kartoffeln: Wir schälen sie, hobeln sie in ganz feine Stäbchen, sogenannte Julienne, und legen sie in kaltes Wasser um die Stärke auszuwaschen. Dann drücken wir sie in einem Küchentuch kräftig aus um sie zu trocknen. Anschliessend fahren wir gleich wie oben weiter, wobei es noch wichtiger ist, dass der Kuchen nicht zu dick wird, weil die Kartoffeln sonst innen halb roh bleiben und halbrohe Kartoffeln sind wirklich nichts schmackhaftes und zudem schwer verdaulich.

_ Zum Schluss noch zwei Präzisierungen: Wenn man den Kartoffelstock in den Ofen stellt, genügt ein gut schliessender Pfannendeckel oder ein Stück Alufolie, viele Leserinnen haben das «luftdicht» allzu wörtlich genommen.

Das empfohlene französische Kochbuch von Joël Robuchon scheint leider vergriffen zu sein. Dafür aber kam der Tipp eines Lesers: Den Robuchon gibt es auch in Deutsch «Kartoffel Zaubereien», ISBN 3-453-09108-6 bei Heyne-Verlag. Vielen Dank für den Hinweis.

kartoffel (3)

_ Als Koch hat man Phasen, wo man sich für bestimmte Gerichte besonders interessiert. So hatte ich über Monate eine Kartoffelstock- und eine Risottophase. Sehr lange dauerte die Johannisbrotkernmehl-Phase – das Ding heisst wirklich so! Die Besonderheit dieses Mehls besteht darin, dass es keine Kohlehydrate enthält und damit auch keine Kalorien liefert. Für die Diätküche ist das spannend, aber im Restaurant bin ich wieder davon abgekommen, weil die Kocheigenschaften zu speziell sind. Vor weit über zehn Jahren hatte ich auch meine Pommes-frites-Phase. Ich wollte unbedingt perfekte Steak et Frites zubereiten, das Herzstück jeder authentischen französischen Brasserie- und Bistroküche. Steak et Frites sind saignant gebratene Hacktätschli mit goldbraunen, frischen und knusprigen Pommes frites.

_ Die Hacktätschli waren nicht das Problem, aber die Frites. Einmal waren sie zu trocken, das andere Mal zu matschig, dann waren sie zu bleich, dann wieder zu fettig. Nach wochenlangem Experimentieren kriegte ich sie einigermassen so hin, wie ich sie mir vorstellte: innen weich und aussen knusprig und leicht aufgeblasen, doch die Herstellung war enorm aufwändig. Zuerst beschaffte ich mir Rindertalg, was bereits ein kompliziertes Prozedere bedeutete. Auf diese Idee kam ich, weil die Belgier es für ihre berühmten Moules et Frites verwenden sollen. Die Kartoffeln schnitten wir natürlich von Hand, wuschen und trockneten sie und blanchierten sie anschliessend bei 160 Grad in der Friteuse. Dann fetteten wir die Kartoffelstäbchen mit Küchenpapier ab und backten sie bei 180 Grad fertig. Ein Problem blieb allerdings ungelöst: Ich fand nie Schweizer Kartoffeln mit dem konstant richtigen Stärkegehalt. Deshalb wurden sie immer noch manchmal speckig oder bräunten nicht richtig. Im Übrigen waren auch die Gäste von meinen Frites nicht derart begeistert wie ich und schätzten unsere enormen Anstrengungen nicht gebührend. Also strich ich die Frites frustriert und wehmütig von meiner Karte und beschäftigte mich die letzten zehn Jahre nicht mehr damit. Bis ich kürzlich in einem neu erschienenen, sehr lesenswerten Buch auf ein spektakuläres, völlig neues Pommes-frites-Rezept stiess. Das Buch hat Jeremy Steingarten, ein amerikanischer Starkolumnist, geschrieben, und es heisst «Der Mann, der alles isst» (Rogner & Bernhard 2004). Das Rezept soll von Joël Robuchon stammen, einem der absolut weltbesten Köche, und es wirft nun wirklich alles über den Haufen, was ich bis jetzt über Pommes frites gewusst habe. Es funktioniert folgendermassen: Sie nehmen tiefgefrorene Pommes frites aus dem Beutel, lassen sie auftauen und tupfen sie mit Küchenpapier trocken. Dann greifen sie zur breitesten Pfanne, über die Sie verfügen, und stellen sie auf den kalten Herd. Sie legen die Pommes frites hinein und giessen so viel Erdnussöl darüber, dass diese vollständig bedeckt sind. Erst jetzt drehen sie die Herdplatte auf die maximale Hitze und warten, bis die Pommes frites schön rotgoldig sind. Ab und zu müssen Sie mit einem Holzlöffel ein bisschen rühren, damit alle Stäbchen gleichmässig bräunen. Einen Holzlöffel benützt man, weil Metall im Öl zu heiss würde. Sobald die Pommes frites die richtige Farbe angenommen haben, heben Sie sie mit einem Schaumlöffel aus dem Öl und legen sie auf viel Küchenpapier, um sie abzufetten. Als Gewürz verwendet Robuchon nur Salz, ich gebe eine Mischung von Salz, Paprika, weissem Pfeffer und Aromat darüber. Bei dieser Technik gilt es nur zwei kritische Punkte zu beachten: Die Herdplatte muss genügend stark und die Pfanne genügend breit sein, denn die Kartoffeln sollen höchstens in zwei Lagen übereinander liegen. Für alle, die sich beim Wort «Pommes frites» bereits mit einem Bein im Grab oder beim Schönheitschirurgen sehen, möchte ich einerseits anfügen, dass die so genannten Backofen-Frites ebenso viel Fett enthalten, weil sie nämlich vor dem Einfrieren mit Fett imprägniert wurden. Und andererseits folgt speziell für Sie hier noch das einfachste Bratkartoffelrezept, ganz ohne Fett.

(ohne Fett)

bratkartoffeln

_ Kleine Raclette-Kartoffeln längs halbieren. Mit der Schnittfläche auf ein Backblech legen und bei 200° in den Ofen schieben. Sobald sich die Kartoffeln von selbst vom Blech lösen, sind sie fertig gebraten. Mit etwas Fleur de Sel würzen und servieren.

zubereiten

cuisine de l'eau

_ «Cuisine de l'eau» nennt Alain Ducasse seine Art zu kochen in einem Interview. Ducasse ist einer der innovativsten und intelligentesten Küchenchefs der letzten Jahrzehnte mit Luxusrestaurants in Monaco, Paris und New York. Im ersten Moment verblüfft seine Charakterisierung, schliesslich kocht jeder mit Wasser, und es steckt eine Portion kokette Bescheidenheit darin zu sagen, ich koche nur mit Wasser. Im Wesentlichen geht es jedoch darum, dass schlichtes Wasser und nicht irgendwelche anderen Ingredienzien die Basis seiner Saucen bilden und er damit den einzelnen Rohprodukten ihren Eigengeschmack belassen will. Über Wasser machen wir uns in der Küche kaum gross Gedanken, es fliesst einfach aus dem Hahnen. Dabei ist es der wichtigste Rohstoff in der Küche und die Art, wie wir es verwenden, ist äusserst vielseitig und prägend für unsere Art zu Kochen:

_ Eine gute Sauce entsteht durch ein ausgewogenes Verhältnis zwischen Kochgut und Wasser, sei dies bei einem Rindsschmorbraten, einem Kalbsragout oder einem gedünsteten Fisch aus dem Ofen. Bei diesen Gerichten entsteht die Sauce ohne grosses Zutun durch den Austausch der Säfte beim Garprozess. Wir können zwar nach Belieben mit Wein, Schnäpsen oder Gewürzen eine spezielle Note beifügen, aber die solide Basis bleibt immer der Geschmack des Fleisches oder des Fisches. Jede Sauce wird besser, je weniger Wasser wir beifügen. Beim langen Einkochen geht nämlich viel Geschmack in die Luft. Ohnehin genügen meist ein bis zwei Esslöffel Sauce pro Person, was bedeutet, dass 1dl Sauce für 6 Personen ausreicht. Wasser ist so alltäglich und banal in der Küche, dass man es leicht allzu gedankenlos verwendet, dabei ist der optimale Umgang damit recht kompliziert: Grosse Kartoffeln, die wir für «Gschwellti» oder Rösti brauchen, können wir ohne weiteres in kaltem Wasser ansetzen. Klein geschnittene Kar-

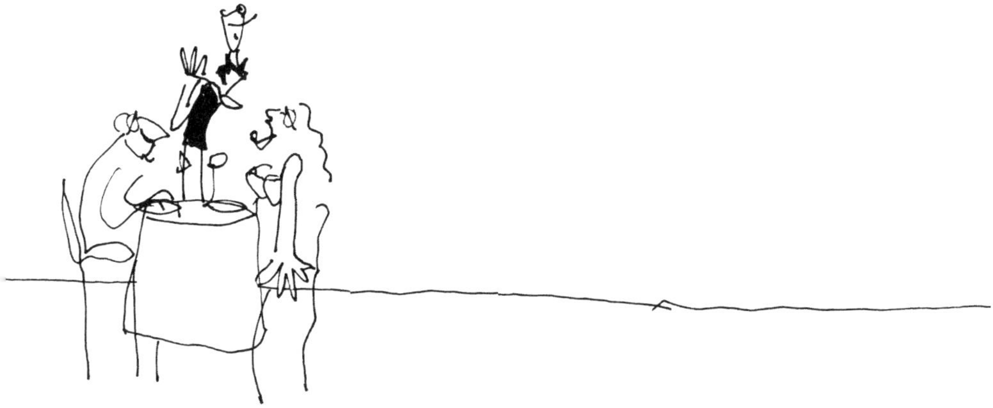

toffeln hingegen dürfen wir erst in kochendes Wasser geben, weil sie sonst zu weich wären, bevor das Wasser überhaupt kocht. Für Kartoffelstock spielt dies wiederum keine Rolle. Blumenkohl oder Wirz kochen wir in viel Wasser, damit sie den zu starken Kohlgeschmack verlieren, Rüebli oder Zucchetti dagegen in sehr wenig, um den Eigengeschmack zu bewahren.

_ Winterspinat, Spargel, Erbsen wiederum kochen wir ebenfalls in viel Wasser, aber aus einem anderen Grund: Wir wollen dadurch die Kochzeit möglichst kurz halten, nur kurz aufkochen und anschliessend kalt abschrecken. Blanchieren nennt man diesen Vorgang. In Kochbüchern und Fersehsendungen wird immer wieder geraten, das Gemüse nach dem Blanchieren in Eiswasser zu legen, um die leuchtenden Farben zu bewahren. Dies ist völliger Unsinn, weil dadurch viele wasserlöslichen Vitamine und Geschmack verloren gehen. Es genügt durchaus, das Gemüse kurz unter fliessendem Wasser kalt abzuspülen.

_ Eine modische Spezialität ist das Kochen im Steamer, einer teuren Form des guten, alten Dampfkochtopfs. Dabei wird durch Überdruck die Garzeit verkürzt. Ich kenne die Verkaufsargumente für diese Geräte, doch kurz gesagt, was in der Profiküche allenfalls Sinn macht, scheint mir für den Privathaushalt absolut überflüssig. Ich bin überzeugt, dass der grösste Teil dieser Geräte, nach einer kurzen Phase der Neugierde, ungenutzt herumstehen. Gemüse, direkt aus dem Wasser oder Dampf gezogen, schmeckt mir ohnehin in den seltensten Fällen. Ich ziehe es vor mit dem Gemüse zu arbeiten, es zu dünsten, braten, glasieren, karamellisieren, kurz ein Fest für alle Sinne zu veranstalten. Als Beispiel ein simples Rüeblirezept, für das der Steamer völlig ungeeignet ist.

(glasiert mit Pfefferminze)

frühlingskarotten

_ Junge Rüebli sauber schaben und allenfalls halbieren. Salzen und mit frischer Butter aber ohne Flüssigkeit (!) in eine gut schliessende Pfanne geben. Bei sehr kleiner Hitze dünsten. Sobald die Rüebli etwas Wasser ziehen, kann man die Hitze etwas erhöhen. Dem schön weichen Gemüse gehackte frische Pfefferminze beifügen und die Garflüssigkeit bei starker Hitze vollständig zu einem Sirup einkochen.

fertigsosse

_Gemischter Salat wie wir ihn heute kennen ist ein relativ neues Gericht auf unseren Speisekarten. Lanciert wurde er von Ueli Prager, dem Gründer von Mövenpick und meiner Meinung nach wichtigsten Schweizer Gastronomen des 20. Jahrhunderts. Ueli Prager servierte als erster frischen Salat im Suppenteller und bot dazu verschiedene Dressings zur Auswahl an. Ältere Zeitgenossen erinnern sich an die gemischten Salate von früher, kleine Tellerchen mit drei bis vier Häufchen von Kabis-, Rüebli-, Randen- oder Selleriesalat, die vorher meistens ein paar Stunden wenn nicht Tage im Salatkühler verbracht hatten. Ich spreche da aus der Erfahrung meiner ersten Kochzeit. In der klassischen französischen Küche gab es Salat höchstens als Garnitur oder als kleine Beilage zu gebratenem Fleisch. In den klassischen Restaurants Italiens besteht eine Menüabfolge noch heute aus Antipasto, Pasta und Secondo. Salat ist allenfalls ein Contorno, eine Beilage.

_Ueli Prager hat die Salat Idee aus Amerika importiert, heute noch erkennbar an den Namen der Salatsaucen: French Dressing, Italian Dressing. Dabei hat French Dressing nichts mit der klassischen französischen Salatsauce zu tun. Diese besteht nämlich aus Weissweinessig und Öl, Salz und Pfeffer, allenfalls ergänzt mit etwas Senf, frischen Kräutern, Sardellen und gehackten Schalotten. Italian Dressing gibt es traditionellerweise auch nicht in Italien. Dort kommt bekanntlich der Salat ohne Sauce auf den Tisch, begleitet von je einer Flasche Rotweinessig und Olivenöl, samt Salzfässchen und Pfeffermühle. In den siebziger Jahren sorgte Michel Guérard mit seiner «Salade folle», dem «verrückten Salat», für Aufsehen. Das Besondere daran war damals die Kombination von feinen grünen Böhnchen mit hauchdünnen Lamellen von roher Entenleber. Seither kennen die Salatfantasien keine Grenzen mehr. Salat ist ohne Zweifel neben Brot zum häufigsten und wichtigsten Nahrungsmittel auf unserem Speisezettel geworden.

_Was zeichnet bei aller Vielfalt einen guten Salat aus? Er sollte natürlich aus frischesten Zutaten bestehen und erst kurz vor dem Servieren mit der Sauce vermischt werden. Die Saucenmenge muss genau stimmen, alle Blätter sollen gleichmässig benetzt und gewürzt sein. Aus diesem Grund sollte man den Salat in einer möglichst weiten Schüssel locker, lange und gründlich mischen und anschlies-

send zum Servieren in eine frische Schüssel oder in die Teller umfüllen. Ich finde es unpraktisch und riskant, den Salat erst am Tisch zu mischen: Eine grosse Schüssel hat keinen Platz auf dem Tisch, in einer kleinen lässt er sich nicht richtig mischen, und aus Angst, das Tischtuch zu verspritzen, lässt man es dann gleich bleiben. Anderseits sollte man den Salat niemals im Voraus mit der Sauce mischen. Es gilt der gleiche Satz wie für Risotto: Die Gäste sollen auf den Salat warten, nicht umgekehrt. Von dieser Regel gibt es für mich eine Ausnahme: Den Tomatensalat salze ich etwa eine Stunde vor dem Essen und gebe gleich noch ein paar Pfefferminzblätter bei. Die Früchte verlieren so viel Wasser, und der Salat wird im Geschmack intensiver. Das alles tönt banal, ich weiss, dies sind aber die entscheidenden Faktoren für einen guten Salat, nicht das ausgesuchteste Öl oder der raffinierteste Essig.

_ Wenn Sie also wieder einmal mit Ihrem Salat nicht zufrieden sind, mischen Sie ihn zuerst in Ruhe noch einmal gut durch. Und falls er immer noch nicht schmeckt, überlegen Sie in der Zwischenzeit: Fehlt es an Säure, Schärfe, Salz oder etwas Öl? Zusätzliche Frische könnten ihm etwas abgeriebene Zitronenschale oder ein paar gezupfte Kräuter geben. Eine Leserin hat angefragt, wie man in einem Ein- oder Zweipersonenhaushalt zu einer guten Salatsauce kommt. Die benötigten Mengen sind ja wirklich klein. Ich meine, es gibt zwei Möglichkeiten. Entweder greift man zur italienischen Methode und mischt etwas Rotweinessig, Olivenöl, Salz und Pfeffer in einer Schüssel. Oder man bastelt sich eine Flasche Fertigsauce, die dann problemlos für 1 bis 2 Wochen hinhält. Wenn ich in den Ferien selber koche – und ich koche meist selber in den Ferien – fabriziere ich untenstehende Fertigsauce:

fertigsalatsauce

_ 1,8 dl Apfelessig, 20 g Salz, 15 g Dijonsenf, 15 g geriebener Meerrettich, schwarzer Pfeffer, diese Zutaten gut verrühren, dann 2 dl Vollrahm, 4 dl Milch und 2 dl Sonnenblumenöl dazugeben und alles mit dem Mixer gut verquirlen.

das saucenrezept

_Wenn ich heute über Saucen schreibe, dann meine ich die Fleisch-, Geflügel- und Fischsaucen. Daneben gibt es natürlich viele andere Saucen, Salatsaucen, Saucen für Teigwaren oder Gemüse. Das Wort «Sauce» stammt, wie das italienische und spanische «salsa», vom lateinischen «sal», was auf Deutsch «Salz» heisst. Die Sauce ist also ursprünglich ein Würzmittel.

_Unbestrittene Saucenkönige sind die Franzosen, ihre Saucen sind das Wahrzeichen der französischen Küche, und für den französischen Feinschmecker ist eine gelungene Sauce ein Kunstwerk; sie haben etwas Geheimnisvolles, etwas Magisches an sich. Eine gute Sauce ist nie aufdringlich, sondern unterstreicht den Eigengeschmack von Fleisch oder Fisch, ähnlich einem edlen Parfüm. Deshalb ist die Basis immer der Saft oder der Fond des jeweiligen Tieres, sei dies Kalb, Huhn, Lamm oder Fisch.

_Grundsätzlich gibt es zwei Möglichkeiten, einen solchen Fond zu bekommen. Im einen Fall wird das Fleischstück in Flüssigkeit, zum Beispiel Wasser und Wein, gekocht, und anschliessend wird mit dieser Kochflüssigkeit die Sauce zubereitet. Beispiele sind ein Brasato, ein Kalbsragout oder ein geschmorter Fisch. Dazu brauchen wir nicht extra Fond herzustellen. Damit diese Saucen gelingen, gibt es zwei wichtige Regeln. Erstens darf man von Anfang an nicht zu viel Flüssigkeit beigeben; meist genügt es, wenn das Kochgut zur Hälfte bedeckt und ab und zu gedreht wird. Empfehlenswert ist in jedem Fall die Zubereitung im Ofen, weil die Hitze gleichmässig verteilt wird und die Flüssigkeit weniger verdunstet. Zweites sollte man den Fond, sobald der Garprozess beendet ist, einkochen. Dazu giesst man ihn in ein Pfännchen ab und stellt in der Zwischenzeit das Fleisch oder den Fisch in den lauwarmen Ofen (nicht mehr als 80 Grad). Im Pfännchen kann man den Fond auf die gewünschte Menge kräftig reduzieren, nur so bekommt die Sauce die nötige Würzkraft, 5 cl pro Person reichen durchaus. Abschmecken sollte man natürlich erst nach dem Einkochen, allzu leicht greift man sonst zu tief in den Salztopf. Mit dieser soliden Basis kann man nun spielen, kann Kräuter, Gewürze oder ein Schnäpschen beifügen, mit Maizena etwas abbinden oder mit Rahm verfeinern. Anschliessend giesst man die Sauce durch ein feines Sieb über das Gericht.

_ Für die zweite Zubereitung brauchen wir einen Fond, und zwar immer, wenn wir Fleisch, Geflügel oder Fisch ohne Flüssigkeit zubereiten. Die klassischen Beispiele sind Schnitzel, Steaks und Koteletten. Diese würden in einer Flüssigkeit nämlich zäh und hart werden. Falls man trotzdem eine Sauce servieren möchte, muss man sie deshalb separat zubereiten. Was ich persönlich überhaupt nicht mag, sind irgendwelche Fertigbratensaucen oder Bouillonwürfel. Selbst bei gekauften Edelfonds schmeckt man das Glutamat oder andere Geschmacksverstärker heraus. Hat man keinen Fond zur Verfügung, was mir zu Hause oft passiert, ziehe ich ein paar Tropfen Olivenöl und etwas Zitronensaft, eine feine Kräutervinaigrette oder eine Tomatensauce vor. Für einen Kochamateur mit Freude am Kochen lohnt sich aber die Herstellung eines Fonds auf jeden Fall, wobei wir nicht das aufwändige Verfahren der Restaurants anwenden müssen, wie es in den meisten Kochbüchern beschrieben ist, sondern einfacher vorgehen können.

_ Ein Fond sollte immer in erster Linie nach Fleisch oder Fisch schmecken, Gemüse und wenige Gewürze sollen nur die letzten Geschmacksnuancen hervorholen. Für alle Fleisch- und Geflügelsaucen empfehle ich Liebig-Fleischextrakt, er nimmt Ihnen das mühevolle Auskochen von Knochen ab. Dieser Fleischextrakt ist nichts anderes als Fleischsaft, der bis zu einer Paste eingekocht wurde, ohne Gewürz, ohne Geschmacksverstärker. Das untenstehende Rezept können Sie auch für einen Fischfond anwenden, ohne Fleischextrakt natürlich und mit grob gehackten Fischgräten anstatt Fleischabfällen. Sinnvollerweise kocht man eine grössere Menge eines Fonds und gefriert ihn portionenweise ein.

(das Grundrezept)

fonds

_ Je nach Gericht billige Kalbfleischabfälle, Lammvoressen oder Pouletflügeli kaufen und vom Metzger klein hacken lassen. In einer Kasserolle mit etwas Öl langsam rösten. Etwas Rüebli, Sellerie und Zwiebeln beifügen, ebenso ein Lorbeerblatt, eine Nelke und einen Kaffeelöffel Liebig Fleischextrakt. Mit Wasser knapp bedecken und etwa eine halbe Std. köcheln lassen. Durch ein Sieb passieren und ganz leicht salzen.

fleisch

_ In Leserbriefen werde ich immer wieder nach kochtechnischen Einzelheiten gefragt. Heute kommen die Fleischtiger zum Zug.

_ Alle Fleischgerichte lassen sich in zwei grosse Gruppen unterteilen: Die kurz Gegarten und die lange Gegarten. Egal, ob damit Braten, Grillieren, Kochen, Dünsten oder Schmoren gemeint ist, gibt es ein paar wichtige Reglen, die allen Zubereitungsarten gemeinsam sind: Kurzgaren kann man nur zarte Fleischstücke ohne Sehnen. Dabei behält das Fleisch seine Saftigkeit, weil es nicht ganz durchgegart wird. À point nennt man deshalb den perfekten Garpunkt. Während der kurzen Garzeit kann logischerweise keine Sauce entstehen, höchstens ein kleiner Jus. Allenfalls kann man separat eine Gemüse- oder Buttersauce zubereiten, wie die berühmte Sauce Béarnaise. Die zarten Fleischmuskeln sind meist auch die kleinsten und deshalb die teuersten. Sie werden bei niederen Temperaturen und kurzen Garzeiten zubereitet. Kräftige Muskeln und Sehen benötigen dagegen eine sehr lange Garzeit, während welcher der ganze Fleischsaft durchgekocht wird und jedes Fleisch dabei vorerst austrocknet. Würde man es zu diesem Zeitpunkt verspeisen, wäre es nicht nur trocken sondern auch zäh – immer. Doch nicht verzagen, je länger man das Fleisch weiter kocht, desto mürber wird es, bis es zuletzt locker von der Gabel fällt. Nun gibt es zwei verschiedene Möglichkeiten: Ist das Fleisch stark von Sehnen oder Fett durchzogen, wie etwa die Kalbsbrust oder die Kalbshaxe, schmeckt es auch ohne Sauce herrlich saftig, dafür sorgen die Fetttröpfchen und das weiche Sehnengewebe. Andere Stücke wie ein Rindsbraten sind und bleiben zwar auch bei langer Garzeit trocken, aber dafür können sie in Tranchen geschnitten die Sauce, welche beim Garen entstanden ist, wie ein Schwamm aufsaugen. Die logische Folge davon: Eine Kalbshaxe kann man ohne Flüssigkeit im Ofen braten, einen Rindsbraten muss man mit Flüssigkeit im Ofen schmoren. Trotz der Sauce wird aber auch ein Rindsbraten saftiger, wenn er von Sehen durchzogen ist. Ich empfehle deshalb vom Rind Schenkelfleisch, Schulterfilet oder Schulterspitz. Sehnen bestehen im Übrigen aus reinem Eiweiss und sind fettlos, kein Problem also für linienbewusste Köche. All diese Regeln gelten auch für gekochtes Fleisch, wie Siedfleisch oder das berühmte «Filet am Schnüerli», ein Rindsfilet, das man in eine siedende, aber nicht kochende Bouillon legt.

_ Ein Wort zum Anbraten. Dies ist keine Garmethode, das Anbraten gilt ausschliesslich dem Ziel, das Fleischstück rundum zu karamelisieren und ihm das köstliche Brataroma zu verleihen. Es ist ein unausrottbarer Irrtum, dass man dabei die Poren schliesst. Wie mich ein Leser kürzlich darauf hingewiesen hat, besitzt Fleisch keine Poren, Haut besitzt allenfalls Poren. Nach dem Anbraten muss man die Hitze auf höchstens 150 Grad reduzieren. Man kann einen Braten sogar kalt in den Ofen legen und erst ganz am Schluss die Hitze erhöhen, um den beliebten Bratenduft zu erhalten. Eine Ausnahme bildet das klein geschnittene Fleisch, sehr dünne Schnitzel oder Geschnetzeltes. Ihre Garzeit ist derart kurz, dass wir die Pfanne rauchheiss vorheizen müssen, damit das Fleisch karamellisiert, bevor es ganz durchgebraten ist.

_ Für eine grössere Gästeschar empfehle ich ohnehin grössere Fleischstücke, sie gelingen besser und bedeuten in der Küche weniger Stress. Weniger bekannt und sehr geeignet dafür sind neben den oben Erwähnten: ganze Kalbsschenkel am Stück, Kalbshohrücken, Lammgigot oder grosse Geflügel.

(das Basisrezept)

ganze kalbshaxe

_Eine ganze Kalbshaxe, vorzugsweise vom Hinterviertel, reicht für 4–6 Personen. Sehr kräftig salzen und pfeffern. Bei 170° in den Ofen schieben, nach 2,5 – 3 Std. herausnehmen, aufschneiden und essen. Garprobe: Das Fleisch muss sich mit der Gabel vom Knochen lösen lassen. Problemlos 1 Stunde im Ofen bei ca. 100° warm zu halten.

zubereiten

fleisch (2)

_ Nicht nur die Zubereitung, auch die Vor- und Nachbereitung von Fleisch sind für den Koch oder die Köchin wichtig. Das beginnt mit dem Einkauf, geht über die Lagerung und endet beim Ruhenlassen und Aufschneiden des Fleisches. Kochrezepte beschränken sich meist auf die Zubereitung und vernachlässigen diese anderen wichtigen Aspekte völlig.

_ Zum Einkauf: Schweinefleisch, Innereien und weisses Geflügel können kaum frisch genug sein. Sie sollten möglichst am Tag des Einkaufs auch gekocht werden. Vor allem Kleingeschnittenes wie Hackfleisch, rohes Brät oder Geschnetzeltes können innerhalb ein, zwei Tagen verderben. Rotes Fleisch wie Rind, Lamm, aber auch Wild oder Kalb muss vom Metzger richtig vorgelagert sein. Rindfleisch, das schön rot leuchtet und saftig glänzt, ist zu wenig gelagert. Metzger lagern Fleisch ungern, weil dabei Wasser verdunstet und Gewicht verloren geht. Bei einem guten Metzger ist das Rindfleisch aussen leicht angetrocknet, eher bräunlich als rot und von feinen Fettadern durchzogen. Zur Lagerung zu Hause: Rotes Fleisch kann man ohne weiteres im Kühlschrank bei 2 bis 4 Grad ein bis zwei Wochen aufbewahren. Am einfachsten pinselt man dazu das Fleisch mit Öl ein und verpackt es möglichst luftdicht in Klarsichtfolie. Grössere Stücke legt man noch besser in eine Marinade. Dadurch wird das Fleisch nicht nur haltbarer, es wird auch zarter und aromatischer. Man vergisst gerne, dass es bis vor etwa 60 Jahren keine Kühlschränke und bis vor etwa 30 Jahren keine Tiefkühler gab. Vor dieser Zeit war das Marinieren, Beizen, Pökeln und Räuchern eine selbstverständliche Notwendigkeit. Eine Marinade kann man auf der Basis von Öl zubereiten, gewürzt mit Kräutern, Knoblauch, Pfeffer und Peperoncini. Das Öl konserviert, weil es das Fleisch luftdicht abschliesst. Für eine Marinade kann man aber auch eine Säure verwenden, beispielsweise Rotwein und Essig, wie für den Schmorbraten oder Zitronensaft oder, etwas ausgefallener, Buttermilch. Damit die Marinade wirklich konserviert, muss das Fleisch vollständig davon bedeckt sein. Als dritte Konservierungsmöglichkeit gibt es die Salzlake, doch die wird heute kaum mehr verwendet, bekannt ist am ehesten noch der gesalzene Stockfisch, der zurzeit in vielen Restaurants in Mode gekommen ist. Weiter gibt es die zuckerhaltigen Marinaden, bekannt aus der chinesischen Küche.

_ Nachdem wir das Fleisch perfekt zubereitet haben, folgt nochmals eine sehr wichtige Phase, das Ruhenlassen: Wiederum ist es das klein geschnittene, kurzgebratene Fleisch, das sofort serviert werden muss, damit es nicht trocken wird. Die meisten anderen Fleischstücke werden wesentlich zarter und saftiger, wenn man sie im Ofen bei etwa 100 Grad noch etwas ruhen lässt. Dazu können Sie einen sehr eindrücklichen Test machen: Braten Sie zwei Entenbrüstchen in der Pfanne langsam und sorgfältig auf der Hautseite an. Dann stellen Sie die Pfanne bei 160 Grad für genau 5 Minuten in den Ofen. Nun lassen Sie das eine Entenbrüstchen 10 bis 15 Minuten im offenen, ausgeschalteten Ofen stehen, während Sie das zweite sofort in feine Scheiben schneiden. Es wird dabei enorm viel Saft verlieren und enttäuschend zäh schmecken. Eine viertel Stunde später schneiden Sie das zweite Brüstchen auf. Es wird wesentlich weniger Saft verlieren und butterzart sein. Dieselbe Erfahrung können Sie übrigens auch mit einem Rindsschmorbraten machen, indem Sie ihn frisch aufgeschnitten probieren oder die Scheiben nochmals zehn Minuten in der Sauce ziehen lassen. Zum Aufschneiden: Das beste Fleischstück ist zäh, wenn es falsch aufgeschnitten wird. Quer zu den Fasern soll es geschnitten werden. Sie können auch das mit einem Entenbrüstchen ausprobieren, der Unterschied ist enorm.

_ Aus dem Gesagten ergibt sich einmal mehr folgender Ratschlag: Man spart sich in der Küche viel Stress und Risiko, wenn man für eine grössere Gästeschar auf kurzgebratene à la minute-Gerichte verzichtet und ein grösseres Fleischstück wählt.

wildschweinbraten

_ Dafür eignen sich nur junge Tiere, so genannte Frischlinge. Mit dem gleichen Rezept kann man auch einen Schweinebraten zubereiten, beispielsweise ein «Porco fidelio» oder ein Ormalinger Schwein.

_ Ein Bratenstück von etwa 1kg beizen: mit Weisswein bedecken, eine gehackte Zwiebel, 2 Lorbeerblätter und 2 Nelken und 1EL gehackten Rosmarin beifügen und 2 Tage stehen lassen. Das Fleisch mit Küchenpapier abtrocknen, kräftig salzen und pfeffern und in Bratbutter rundum sanft anbraten. Mit der Marinade ablöschen und in einer feuerfesten Form im Ofen bei 160° etwa 2 Std. weich schmoren. Garprobe: mit einer Gabel einstechen, das Fleisch muss sich dabei wie ein Pfirsich anfühlen. Die Sauce einkochen und abschmecken.

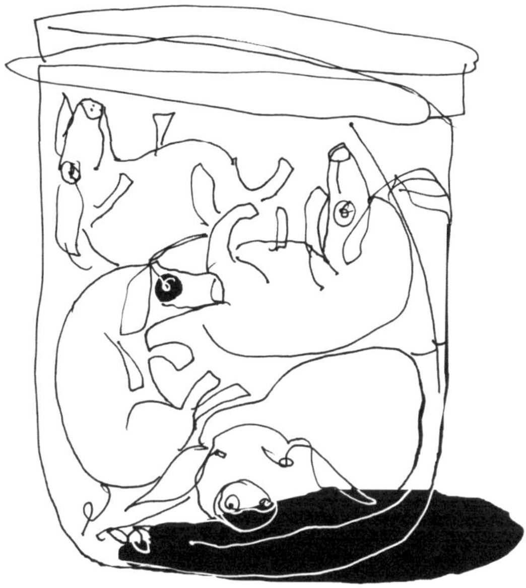

ghacktes

_ Kein Thema meiner Kolumnen hat so viel Echo ausgelöst wie die Hacktätschli meiner Frau. Mit meinem Lieblingsessen bin ich offensichtlich in zahlreicher Gesellschaft, ein guter Grund, mich heute näher mit dem faszinierenden Thema Hackfleisch zu beschäftigen. Ausgangspunkt für jedes leckere Hackfleischgericht ist – Sie vermuten es bereits, und ich drohe Sie damit zu langweilen, aber es stimmt trotzdem immer wieder – das erstklassige Rohprodukt. Das ist aber ganz sicher nicht das gehackte Dreierlei! Ich will ja den Metzgern nicht unterstellen, dass sie diese Mischung erfunden haben, um beliebige Fleischreste verwerten zu können, ohne den Fleischwolf dazwischen reinigen zu müssen. Aber es ist auf der Hand liegend, dass ich kein Kalbfleisch will, das nach Schwein riecht, und dass ich es auch nicht mit dem Rindfleisch zusammen kochen kann, weil dieses eine etwa viermal längere Kochzeit hat.

_ Welche Tierart man bevorzugt, ist Geschmackssache, wir verwenden in unserem Restaurant ausschliesslich Kalbfleisch, weil ich daran das besonders intensive Aroma des gebrutzelten Kalbsfetts liebe. Meine Frau lässt sich vom Metzger frisches Kalbsvoressen durch den Fleischwolf drehen und ist, als eher bescheidene Person, immer wieder überrascht, wie sich die Metzger über diese Zusatzarbeit freuen, weil sie merken: Hier kauft jemand mit Fleischverstand ein.

_ Im Wesentlichen können wir das Hackfleisch auf drei Arten zubereiten: Als Hacktätschli, als Sauce oder Ragù, wie die Italienerinnen sagen, oder als Hackbraten. Um diesen werde ich mich im Folgenden weiter kümmern. Ein guter Hackbraten ist gleichzeitig aussen von einem goldbraunen, intensiv duftenden Glanz überzogen und innen weich und saftig. Dies erreichen wir mit vier verschiedenen Massnahmen: Zuerst verwenden wir nicht zu mageres Kalbfleisch, Rindfleisch wird viel eher trocken. Als Nächstes geben wir etwa 20 Prozent in Milch eingeweichtes Weissbrot dazu. Dieses saugt das Kalbsfett auf und verhindert so das Austrocknen. Als Drittes umwickeln wir den Braten mit einem Schweinsnetz, beim Metzger meistens gratis erhältlich. Das Schweinsnetz hat zwei Aufgaben: Es verhindert, dass der Braten auseinanderfällt, und es versorgt ihn laufend mit etwas Fettstoff, so dass er wunderbar gleichmässig karamellisiert. Übrigens, wer das Schweinsnetz nicht essen mag, kann es vor dem Servieren entfernen. Als letzte und wichtigste Massnahme schieben wir den Hackbraten roh bei etwa 120 Grad in den Backofen. Dabei wird er mehr im eigenen Saft gedünstet als gebraten, denn eine zu hohe Temperatur würde das Fleischeiweiss bekanntlich austrocknen.

_ Anschliessend kann man den Braten stundenlang herumliegen lassen, ohne dass er seine Saftigkeit verliert. Allerdings gilt es zu beachten, dass er wirklich vollständig durchgegart ist, denn Hackfleisch ist leicht verderblich. Erst kurz vor dem Essen drehen wir im Backofen die Grillschlange an und karamellisieren den Hackbraten schön langsam und gleichmässig darunter. Noch ein Wort zu den Gewürzen. Das Faszinierende am Hackfleisch besteht darin, dass man es mit den unterschiedlichsten Gewürzen ganz präzis abschmecken und innig vermischen kann.

_ Dabei gibt es für mich nicht einfach eine allein seelig machende Mischung. Je nach Lust und Laune, vor allem auch je nach Jahreszeit, schmecke ich ihn ganz verschieden ab. Im Frühling bekommt er viele frische Kräuter, vor allem Bärlauch, im Sommer viel Basilikum und etwas Tomaten, und im Winter einen feinen, weihnächtlichen Duft von Lebkuchengewürzen. Nach dem Garen lässt er sich übrigens ohne Qualitätsverlust einfrieren.

(«unsere Art»)

kalbshackbraten

_ 200 g Weissbrot entrinden, in Würfel schneiden, in Milch einweichen und gut ausdrücken. Mit 750 g Kalbfleisch, mittelfein gehackt, mischen. Eine grosse Zwiebel ganz fein hacken und beifügen, ebenso 60 g frisch geriebenen Parmesan, 4 Eigelb, 2 EL fein gehackte Petersilie, 1 EL gehackten Majoran, 1 Mokkalöffel Lebkuchengewürz, 1 Messerspitze Zimt, Salz und Pfeffer. Alles sehr gut verkneten und mit nassen Händen zu einer 7 cm dicken Wurst formen. Das Schweinsnetz in kaltem Wasser einweichen und auf der Arbeitsfläche ausbreiten. Die Hackfleischwurst darin einwickeln. Auf einem Blech im Ofen bei 120 ° ca. 90 Min. garen. Vor dem Servieren unter der Grillschlange rundum karamellisieren und dabei mit dem herausgetretenen Fleischsaft einpinseln.

gebrannt oder was?

_Immer wieder bekomme ich Anfragen wie: Was ist eine gebrannte Creme oder was ist eine Crème brûlée? Ich kann Ihnen diese scheinbar einfachen Fragen nicht abschliessend beantworten, denn in der Fachliteratur herrscht ein heilloses Durcheinander zwischen Karamellcreme, gebrannter Creme, Crème au caramel, Crème caramelisée, Crème renversée au caramel, Crème viennoise, Crème catalane und natürlich dem Karamellköpfli. Teilweise hängt diese Sprachverwirrung damit zusammen, dass deutsche Rezeptnamen ins Französische übersetzt in Frankreich etwas ganz anderes bedeuten können.

_Also stürzen wir uns ins rezeptorisch-linguistische Chaos und beginnen wir in der Schweiz. Gemäss dem «Schweizerischen Kochbuch» von Elisabetha Landolt-Siebenmann von 1854, dem genialen «Fülscher-Kochbuch» von 1934 und dem «Lehrbuch der Küche» aller Schweizer Köche von Eugen Pauli, 1980, entsteht eine gebrannte Creme folgendermassen: Zucker karamellisieren, etwas auskühlen lassen. Milch, Eigelb und Maizena verrühren und dazugeben. Alles erwärmen, bis die Creme bindet. Durch ein Sieb giessen und auskühlen lassen.

_So weit so klar, auch wir bereiten die gebrannte Creme in dieser Art zu. Trotzdem kommt es im Restaurant immer wieder zu grossen Verwirrungen, weil viele Gäste eine französische Crème brûlée erwarten. In den drei oben erwähnten Kochbüchern, ist die gebrannte Creme sprachlich korrekt mit Crème brûlée übersetzt. Die Franzosen und eben auch viele unserer Gäste verstehen darunter jedoch eine kalte Vanillecreme im Töpfchen, die mit Zucker bestreut und unter dem Backofengrill karamellisert wird. Dieses Dessert ist seit ein paar Jahren auf der ganzen Welt enorm in Mode gekommen, die Spanier kennen es schon lange als Crema catalana. In Frankreich hat es Joël Robuchon unter dem Namen «Crème froide caramelisée à la cassonade» lanciert, den Namen «Crème brûlée» habe ich jedoch in keinem französichen Standardkochbuch gefunden, nicht einmal im grossen «Larousse gastronomique». Unsere gebrannte Creme heisst dagegen in Frankreich «Crème viennoise», Wiener Creme.

_Damit sind wir aber noch lange nicht am Ende des kulinarischen Sprachengewirrs. Man kann unsere gebrannte Creme auch ganz einfach Karamellcreme nennen, was auf Französisch Crème au caramel heissen würde. Nun ist jedoch Crème au caramel in Frankreich definitv etwas anderes, nämlich unser gutes, altes Karamellköpfli – und niemals eine Karamellcreme. Da sind sich überraschenderweise alle Kochbücher und Köche einig. Ich bin immer wieder überrascht, mit welcher Sturheit gewisse Gäste oder auch Leser von der Richtigkeit ihrer Version überzeugt sein können. Kochen ist eben keine Wissenschaft und die Küchensprache deshalb auch keine wissenschaftliche. Nachdem wir nun die sprachliche Seite geklärt haben, möchte ich doch noch auf die Zubereitung der drei Süssspeisen eingehen, auch da gibt es ganz unterschiedliche Varianten. Gemeinsam ist allen die Bindung aus einem Eiprodukt und einem Milchprodukt, sowie Vanille und Zucker. Das Ei kann Eigelb oder Vollei oder eine Mischung von beidem sein, die Flüssigkeit Milch, Rahm oder eine Mischung von beidem. Die Bindung kann zusätzlich durch ein Stärkemehl wie Maizena, Fécule oder Reismehl verstärkt werden. Ein gewöhnliches Küchenmehl ist dafür nicht fein genug. Das Stärkemehl verhindert, dass die Creme beim Kochen gerinnt, was vor allem für ungeübte Dessertköche von Vorteil ist. Selbst die legendäre Agnes Amberg hat ihre Vanillecreme zusätzlich mit Stärkemehl gebunden. Der Unterschied der drei Desserts besteht in der Verwendung des Karamels: Bei der gebrannten Creme wird der Karamell unter die Creme gemischt. Beim Karamellköpfli wird die Form damit ausgegossen und die Crème in der karamellisierten Form gegart, ohne dass sich beide mischen. Und bei der karamellisierten Creme nach Art der Katalanen wird der Zucker auf die fertige, kalte Creme gestreut und anschliessend unter dem Backofengrill oder mit einem Gasbrenner karamellisiert.

(Crème catalane)

karamellisierte creme

_ Für 6 Personen: 4 dl Rahm und 1 dl Milch mit den Samen von zwei Vanillestängeln und 100 g Zucker aufkochen. Durch ein feines Sieb passieren. Mit 4 Eigelb vermischen. In 6 feuerfeste Förmchen abfüllen und zwar dürfen diese nicht höher als etwa 2 cm gefüllt sein. Im Ofen bei genau 90° etwa 60 Min. garen. Falls Sie keinen Backofen mit genauer Temperaturregelung besitzen, stellen Sie die Töpfchen in einem heissen Wasserbad in den Ofen und decken Sie sie mit einem Butterpapier zu. Sobald die Creme durchgehend gebunden ist, im Kühlschrank vollständig durchkühlen lassen. Die kalte Creme fein, aber regelmässig mit Rohzucker bestreuen und unter der möglichst heissen Grillschlange karamellisieren..

der G-punkt

_ Haben wir gute Rohprodukte eingekauft und ein verlockendes Rezept ausgewählt, ist schon vieles auf gutem Weg. Ob das Gericht perfekt wird, kann sich aber unter Umständen in den letzten Sekunden entscheiden: Ist der Fisch glasig zart oder trocken; der Spinat knackig, zäh oder zerkocht; die Kartoffel hart, schmelzend weich oder matschig? Der Garpunkt ist der springende Punkt beim Kochen.

_ Es gibt auch Gerichte, bei denen es nicht auf die Minute ankommt, die aber trotzdem nicht ganz gelingen, weil man sich zu wenig Zeit genommen hat. Ein Rindsschmorbraten braucht beispielsweise enorm viel Zeit, weil das Fleisch nicht nur gar, sondern auch weich und mürbe werden muss. Jeder Schmorbraten ist an sich mehr oder weniger trocken, weil er keinen Fleischsaft mehr enthält. Deshalb muss er so lange weitergeschmort werden, bis die Fleischfasern zerfallen und an Stelle des Fleischsaftes die Sauce zwischen die Fasern fliessen kann. Das dauert so seine drei bis vier Stunden. Anschliessend soll er eher fein aufgeschnitten, die Tranchen mit konzentrierter, leicht gebundener Sauce überdeckt werden. Voilà, das ganze Geheimnis eines guten Schmorbratens.

_ Vielfach ist der richtige Garpunkt auch Ansichtssache. Fisch, ein typisches Beispiel, mögen die einen durchgebraten, wie es im Mittelmeerraum Brauch ist, die anderen mögen ihn eher à point. Die dritten, nach asiatischer Art, sogar roh.

_ Für mich hängt der richtige Garpunkt auch von der Fischart ab. Eine Felche soll meiner Meinung nach unbedingt glasig bleiben. Thunfisch wiederum schmeckt nur roh, allenfalls ein paar Sekunden grilliert. Geflügel ist nochmals ein anderes Thema. Es sollte nie zu stark durchgebraten werden, weil es trocken wird, aber trotzdem nicht mehr roh sein. Am besten gelingt das, indem man es kurz auf der Hautseite brät und anschliessend im Ofen bei 140 Grad lange abstehen lässt.

_ Wenden wir uns noch dem Gemüse zu. Oft gibt es nicht nur einen richtigen G-Punkt: Sellerie schmeckt sowohl roh wie knapp gegart wie auch als Püree. Die Vitamine der Karotten sind nur gekocht verdaulich. Rohe Karotten benötigen dazu Rahm oder Öl. Beim Spinat muss man zwischen Winter- und jungem Schnittspinat unterscheiden. Der büschelige Winterspinat schmeckt mir kurz gekocht überhaupt nicht, er ist zäh und grob im Geschmack.

Hingegen richtig weich gekocht und mit etwas Olivenöl abgeschmeckt, ist er eine Delikatesse. Junger Schnittspinat fällt dagegen schnell zu einem Nichts zusammen. Oftmals drehen wir ihn nur im sehr heissen Olivenöl und richten ihn noch halb roh an.

_ Ein sehr interessantes Kapitel sind die Bohnen. Junge Buschbohnen, vor allem die seltenen Prinzessbohnen, schmecken knackig gekocht wunderbar. Grössere Bohnensorten, vor allem die meisten Stangenbohnen, müssen hingegen so lange weich gekocht werden, bis sie beim Zerbeissen nicht mehr quietschen. Ganz genau gleich verhält es sich übrigens mit den frischen Kefen.

_ Beim Garpunkt sollte man nicht dogmatisch sein, sehr oft ist der richtige Moment wie gesagt Geschmackssache. Dazu eine anschauliche und amüsante Episode aus unserer Beiz: Ein Lehrling, sie sind ja immer an allem schuld, vergass, vor dem Service die Dampfkartoffeln vom Herd zu nehmen. Das ist an sich keine Katastrophe, wenn man gerne Kartoffeln schält, er musste einfach neue kochen. Um die zerkochten Kartoffeln nicht in den Schweinekübel leeren zu müssen, gaben wir sie auf eine Gratinplatte mit etwas Olivenöl und Meersalz und schickten sie zum Personalessen ins Restaurant. Überraschenderweise lösten diese Unfall-Kartoffeln bei unseren sehr kritischen Mitarbeitern Begeisterung aus. Die zerkochten Kartoffeln saugten nämlich das Olivenöl und das Meersalz auf und schmeckten wunderbar nach Meer und Süden. Die Verbindung von Weichheit und leichtem Biss passte dazu ausgezeichnet. Seit da stehen die zerkochten Kartoffeln mit Olivenöl und Meersalz immer wieder auf unserer Karte.

zerkochte kartoffeln mit olivenöl und zitronensalz

_ Kartoffeln in Würfel schneiden und in Salzwasser sehr weich kochen. Sofort in ein Sieb schütten und gut ausdampfen lassen. Gleichzeitig mit einer Gabel leicht zerdrücken. Mit ziemlich viel fruchtigem Olivenöl und Meersalz, das mit Zitronenschale vermischt wurde, würzen. Sofort essen.

zubereiten

basis: pasta

_ Die Pasta teilt Italien in zwei Teile. Im Süden isst man vor allem die getrocknete, fabrikmässig hergestellte Pasta aus Hartweizendunst und Wasser, im Norden die hausgemachte Pasta aus Eiern und Mehl. Wichtigste Pastaregionen sind hier die Romagna und die Emilia Romagna mit der ungekrönten Pastahauptstadt Bologna. Von dort kommen die Lasagne, die Ravioli, die Tortellini, die Fettuccine, Papardelle und wie die verschiedenen Nudeln alle heissen.

_ Es gibt keinen Grund, die hausgemachte Pasta der fabrikmässig hergestellten vorzuziehen, die zwei Pastasorten sind ganz einfach grundverschieden, und es werden daraus grundverschiedene Gerichte zubereitet. Mein Thema ist heute die getrocknete Pasta aus Semiolina und Wasser in unendlicher Vielfalt an Grössen und Formen, von Spaghettini bis Maccaroni, von Penne bis Rigatoni, Conchiglie oder Strozzapreti. Die verschiedenen Formen entstehen, indem der Teig durch verschieden gestanzte Düsen gepresst wird. Im Folgenden spreche ich jedoch der Einfachheit halber immer von der populärsten Form, den Spaghetti, denn die Zubereitung der anderen ist im Wesentlichen dieselbe. Spaghettifabriken gibt es erstaunlicherweise bereits seit dem späten Mittelalter, und die Herstellung hat sich seither in den Grundzügen nicht verändert. Spaghetti kochen scheint etwas vom Einfachsten, was es in der Küche gibt – scheinbar. Denn viele Italienfans schwören nicht ganz zu Unrecht darauf, dass man nirgends so gute Spaghetti essen könne wie in Süditalien. Das stimmt teilweise, liegt jedoch weder an den Geheimrezepten der italienischen Mammas noch an der Qualität der Tomaten oder des Mehls, sondern an ganz winzigen, aber wichtigen Details in der Zubereitung, die sich dort in jahrhundertealter Erfahrung angesammelt hat. Jede süditalienische Familie ass nämlich früher mindestens zweimal pro Tag Pasta. Die Leibspeise von Sofia Loren, Tochter einer armen neapolitanischen Familie, brachte mich auf die richtige Spur: Gute Pasta ist die Perfektion der Einfachheit.

_ Das beginnt mit dem Rohprodukt. Der Teig muss langsam geknetet, dann langsam durch Metalldüsen gepresst werden und nicht eilig durch teflonbeschichtete Düsen, wie heute in den grossen Fabriken üblich. Nur so erhalten die Spaghetti die leicht aufgeraute Oberfläche, an der die Sauce haften bleibt. Anschliessend müssen die Spaghetti tagelang bei geringer Hitze getrocknet werden. So behalten sie mehr Aroma und mehr Quellfähigkeit. Diese Herstellung ist zeitaufwändig und wird nur noch in kleinen Handwerksbetrieben angewendet. Deshalb sind diese Spaghetti «artigianale» nur in kleinen Mengen auf dem Markt und auch einiges teurer als die Industrieware. Zu kaufen sind sie beispielsweise bei Globus und Jelmoli oder auch in kleinen Italienerläden. Interessanterweise gibt es auch in der Schweiz eine solche kleine Spaghettifabrik: die Molina e pastificcio di Poschiavo in Poschiavo.

_ Hat man die richtige Spaghettisorte, beginnt die Zubereitung. Für 500 g Spaghetti nimmt man mindestens 5 Liter Wasser und würzt mit 2 EL Salz. Mit weniger Wasser werden die Spaghetti leicht klebrig. Die Spaghetti gibt man in das strudelnd kochende Wasser. Damit sie nicht aneinander kleben, rührt man sie regelmässig mit einem Holzlöffel, Öl im Wasser ist unnötig, ja sogar unsinnig, weil die Sauce nachher nicht optimal einziehen kann. Dann der Garpunkt – Spaghetti müssen bekanntlich al dente sein. Früher waren die Küchenwände geplättelt, und eine Italienerin erzählte mir, dass ihre Mutter jeweils einen Spaghetto mit dem Holzlöffel an die Plättli warf. Wenn er gleich herunterfiel, war er noch zu roh, wenn er klebte, verkocht. Wenn er einen kurzen Moment klebte und dann sofort herunterfiel, war er al dente. Für Plättlilose gibt es eine andere Garprobe: Sie schneiden den Spaghetto mit einem scharfen Messer an. In der Mitte muss noch ein winziger, weisser, roher Kern sichtbar sein. Jetzt werden die kochend heissen Spaghetti sofort abgegossen und in der fertigen Sauce gewendet. So garen sie fertig und saugen sich gleichzeitig mit Sauce voll. Dazu muss man sie mit einer Gabel immer wieder hoch heben und mit der Sauce innig vermengen. Als Begleitung lassen wir Francesco de Gregori singen: «Viva l'Italia, Italia degli Spaghetti!»

die leibspeise von sofia loren

_ Fein gehackten Knoblauch in Olivenöl dünsten. Die kochend heissen Spaghetti beifügen und mit viel gehackter, glatter Petersilie und frisch gemahlenem Pfeffer mischen.

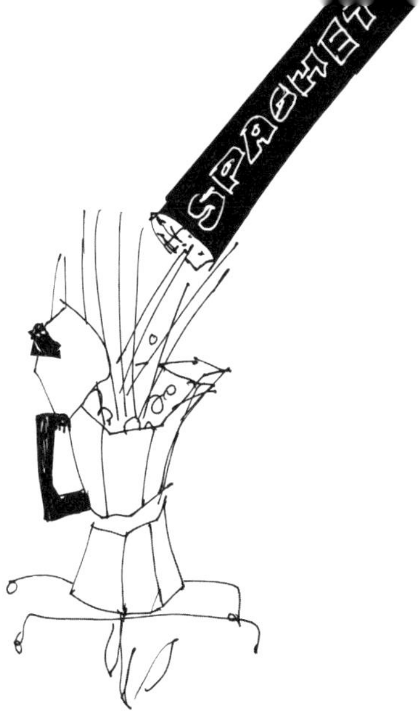

pasta (2)

_ Auch im zweiten Teil meines kleinen Pastakochkurses geht es um die fabrikmässig hergestellte Pasta aus Hartweizendunst (Semiolina) und Wasser: Also die Spaghetti, Linguine, Macceroni, Farfalle und wie sie alle heissen. Nach dem Einkauf der richtigen Qualität und den vielen kleinen Gehcimnissen des Teigwarenkochens, kommen wir heute zu verschiedenen Zubereitungsmöglichkeiten. Wie im ersten Teil geht es auch hier nicht um das raffinierte Geheimrezept, sondern um die handwerkliche Sorgfalt, denn wie gesagt: Gute Pasta ist die Perfektion der Einfachheit.

_ Zuerst unterscheiden wir zwischen Pastagerichten mit Sauce und ohne Sauce. Für beide gilt: Die kochend heisse Pasta wird kurz vor Ende der Garzeit mit den restlichen Zutaten vermischt und fertig gekocht. Nur so vermengen sich alle Aromen optimal. Dabei fügen wir immer erstklassiges Olivenöl oder kleine Butterflocken und, ausser bei den Fischgerichten, etwas geriebenen Parmesan bei, was die Bindung zusätzlich intensiviert. Dies bedeutet, dass die Sauce oder auch andere Zutaten bereits fixfertig bereitstehen müssen, wenn die Teigwaren gekocht werden. Es ist schlicht falsch, die Sauce in der Schüssel über die Teigwaren zu giessen, das gibt niemals etwas Gutes. Am schlimmsten sind die Restaurants, welche meinen, die Teigwaren auf dem Teller mit der Sauce verzieren zu müssen. Wer so kocht, hat von der italiensichen Küche nichts begriffen.

_ Beginnen wir also mit Pastagerichten ohne Sauce. Dazu können beispielsweise gekochte Gemüse, wie Spargelspitzen oder Broccoliröschen verwendet werden, gebratene Pilze mit Pancetta, frische Muscheln oder gebratene Hühnerleber. Für diese Gerichte eignen sich die glatten Pastasorten, wie Spaghetti, Linguine, Trofie oder Orecchiette besser, warum sehen wir gleich später. Bei der Garzeit dieser Garnituren gilt es zu berücksichtigen, dass sie zusammen mit den Teigwaren noch fertig garen sollen, also vorher nicht zu lange gekocht werden. Für Pastagerichte mit Saucen verwenden wir hingegen besser röhren- oder spiralförmige Teigwaren. Hier soll die Sauce nämlich in alle Rinnen und Windungen kriechen und so die Pasta von Innen und Aussen umhüllen.

_ Ein Zwischending zwischen Gewürz und Sauce ist der berühmte Pesto. Unter diesem Namen laufen heute die verschiedensten Zubereitungen, die nichts mit dem Original-Pesto zu tun haben, welcher aus der Gegend der italienischen und französischen Riviera stammt.

pesto genovese oder pistou

_ 100 g frische Basilikumblätter, unbedingt aus Freilandanbau, mit kaltem Wasser waschen. Zusammen mit 1 dl erstklassigem Olivenöl, 3 EL Pinienkernen, 2 gehackten Knoblauchzehen und etwas Salz im Mörser zerreiben oder im Cutter zerkleinern. 100 g milden Peccorino «Fiore sardo» und 50 g frische Butter in kleinen Stücken von Hand darunterkneten, bis eine homogene grüne Paste entsteht. Die kochend heissen Spaghetti in einer Schüssel mit dem Pesto mischen und dabei ein paar Esslöffel Spaghettiwasser beifügen.

zucchetti-spaghetti mit zitronen und meersalz

_ Die Zucchetti in lange, dünne Streifen schneiden. Ein Pack Spaghetti der Molina di Poschiavo (erhältlich zum Beispiel bei Globus) al dente kochen. Tropfend heiss mit kalten Butterstücklein, etwas Olivenöl und den rohen Zucchetti mischen. Die Schale einer Zitrone (ohne Saft) mit Fleur de Sel vermengen und darüberstreuen. Mit frisch geriebenem Parmesan servieren.

basis: pizza

_ Bis vor kurzem war ich der Meinung, dass es wirklich gute Pizzen, nur in Italien oder im Tessin gibt. Für mich muss der Teig Blasen werfen, sehr dünn, knusprig, trocken und ganz leicht angeröstet sein. Der Belag soll zwar saftig sein, aber keinesfalls den Teig durchsaften und die Pizza muss glühend heiss auf den Tisch kommen. Eine solche Pizza habe ich noch in keinem Deutschschweizer Restaurant bekommen und auch zu Hause in meinem alten Gasherd ist sie mir noch nie nach Wunsch gelungen. Bis ich vor einigen Wochen durch die Küchen des Internets surfte und auf der Seite www.pizzastein.com den entscheidenden Hinweis fand: Man muss die Pizza auf einem Schamottstein backen und einen solchen kann man auch für einen gewöhnlichen Haushaltbackofen kaufen und zwar unter der obigen Internetadresse, was wegen der Transportkosten relativ teuer ist, oder bei einem Cheminéebauer, den man im Telefonbuch findet.

_ Ein Schamottstein besteht aus Tonerde und Wasser und lässt sich auf ein paar hundert Grad erhitzen, was bei einem normalen Backofen niemals möglich ist. Bei dieser enormen Unterhitze geht der Teig optimal auf und ist in wenigen Minuten gebacken, so, dass der Belag nicht verkocht und sich trotzdem der typische Röstgeschmack von gebranntem Mehl bildet.

_ Als mein Stein mit der Post endlich eintraf, war ich ungeheuer gespannt und natürlich auch skeptisch, bis jetzt war ich der Meinung, dass es ohne Holzofen nicht geht. Für den ersten Versuch bestellte ich mir bei meinem Bäcker ein Pfund Pizzateig, was kein Problem ist, da der Unterschied zu normalem Brotteig nur ein paar Tropfen Olivenöl sind. Es gibt frischen Pizzateig auch in einigen Delikatessgeschäften zu kaufen, vom tiefgefrorenen Pizzateig der Migros bin ich dagegen weniger begeistert. Ich legte also den Stein in meinen alten Gasofen und heizte ihn bei 250 Grad eine Stunde vor. In der Zwischenzeit konnte ich gemütlich meinen Teig sehr dünn und gut mit Mehl bestäubt auswallen. Für den Belag gibt es unzählige Möglichkeiten, ich mag die ganz einfache Art: Guter Mozzarella di buffala, aromatische San-Marzano-Tomaten, die ich immer vorsalze, ein paar Sardellenfilets, ein paar Tropfen fruchtiges Olivenöl, dünn geschnittene Zwiebeln und frische Basilikumblätter, deren sommerlichen Duft ich über alles liebe. Diese Zutaten habe ich mir ebenfalls in Ruhe bereitgestellt. Falls man keine aromatischen Tomaten bekommt, kann man auf Büchsentomaten zurückgreifen, sollte diese aber nie roh auf die Pizza geben, sondern bei kleiner Temperatur erst in der Pfanne langsam eindampfen lassen.

_ Nun lag also der ausgewallte Teig auf meinem Holztisch, ich konnte ja kein Blech benutzen, und mir war klar, dass ich die fertig belegte Pizza nicht in den Ofen transportieren können würde. Also beschloss ich, den nackten Teig in den Ofen zu legen, um ihn anschliessend blitzschnell mit den Zutaten zu belegen. Offen gesagt, das ging in die Hosen. Der Stein war nämlich derart heiss, dass der Teig in Sekundenbruchteilen weich wie ein nasses Handtuch wurde und als müder Haufen auf dem Stein landete. So gut es ging, strich ich ihn etwas auseinander und belegte ihn mit den Zutaten. Trotzdem, innert zwei, drei Minuten ging er auf, warf herrliche Blasen, der Mozzarella schmolz und die Tomaten brutzelten. Nach etwa fünf Minuten konnte ich das Teil, das zwar eher einem Stück Urgestein als einer Pizza glich, fertig gebacken aus dem Ofen ziehen und auf den Tisch stellen. Und ich muss sagen, es sah zwar noch nicht so aus, schmeckte aber wie eine echte Pizza. Was ich zwar wusste, aber nicht glaubte: Man braucht einen hölzernen Pizzaschieber, so wie ihn die Pizzaiolos benützen, um die Pizza transportieren zu können. Diesen Pizzaschieber habe ich mir unterdessen auch angeschafft und jetzt sind die Pizze perfekt – wie in Neapel!

pizzateig

_ 1,5 dl lauwarmes Bier mit 1/4 Würfel Hefe und mit 100 g Mehl verrühren und etwa 20 Min. warm stellen. Mit weiteren 200 g Mehl, 1 gestrichenen TL Salz und 2 EL Olivenöl zu einer glatten Kugel kneten und zugedeckt nochmals 45 Min. an einem warmen Ort aufgehen lassen. Den Teig auf dem gut gemehlten Pizzaschieber dünn auswallen. Mit den gewünschten Zutaten belegen und auf dem heissen Stein 3 – 4 Min. backen.

risotto

_ Es gibt ein paar Gerichte mit Kultstatus. Rösti ist eines, Wiener Schnitzel ein anderes, Polenta oder eben Risotto weitere. Solche Gerichte sind unheimlich gefährlich, sie können den Ruf eines Koches ruinieren, weil in den Augen vieler Feinschmecker jeweils nur eine Zubereitung richtig ist. Vor Jahren habe ich mein Rezept der Polenta veröffentlicht, die ich mit einer frischen Gemüsebouillon zubereite. Worauf ich einen empörten Leserbrief einer bekannten italienischen Gastronomin aus Zürich erhielt des Inhalts, dass ich keine Ahnung vom Polentakochen hätte, denn eine richtige Polenta würde ausschliesslich mit Wasser zubreitet. Voilà, ich war entlarvt. Dass ich das Rezept aus dem Veneto, einer typischen Polentaregion übernommen habe, spielt da keine Rolle, ebenso wenig, dass die Polenta mit Gemüsebouillon unheimlich gut schmeckt.

_ Heute wage ich mich schamlos an ein weiteres Heiligtum der italienischen Küche, den Risotto. Auf die Diskussion über die beste Reissorte möchte ich mich schon gar nicht einlassen, die ist uferlos. Sicher brauchen wir keinen Instant-Risotto von Uncle Ben's. Ebenso unbestritten muss es ein Reis mit halbrunden Körnern sein. Wir verwenden einen Carnaroli, den es inzwischen in den meisten Lebensmittelgeschäften zu kaufen gibt.

_ Jeder Risotto beginnt mit gehackten Zwiebeln, die man in Butter dünstet. Butter bitteschön, kein Olivenöl, denn die Reisregionen Italiens sind Butterküchen. Als Flüssigkeiten eignen sich alle milden Brühen, vom Kalb, Fisch oder Geflügel. Wir verwenden auch hier eine milde Gemüsebouillon. Wie viel Flüssigkeit man braucht ist ebenfalls Ansichtssache. Im Piemont, in der Lombardei und in der Emilia-Romagna ist der Risotto eher fest und klebrig, im Veneto lockerer und flüssiger. In Mailand gibt man zu Beginn ein schönes Stück Rindermark dazu. Wir dünsten den Reis also mit

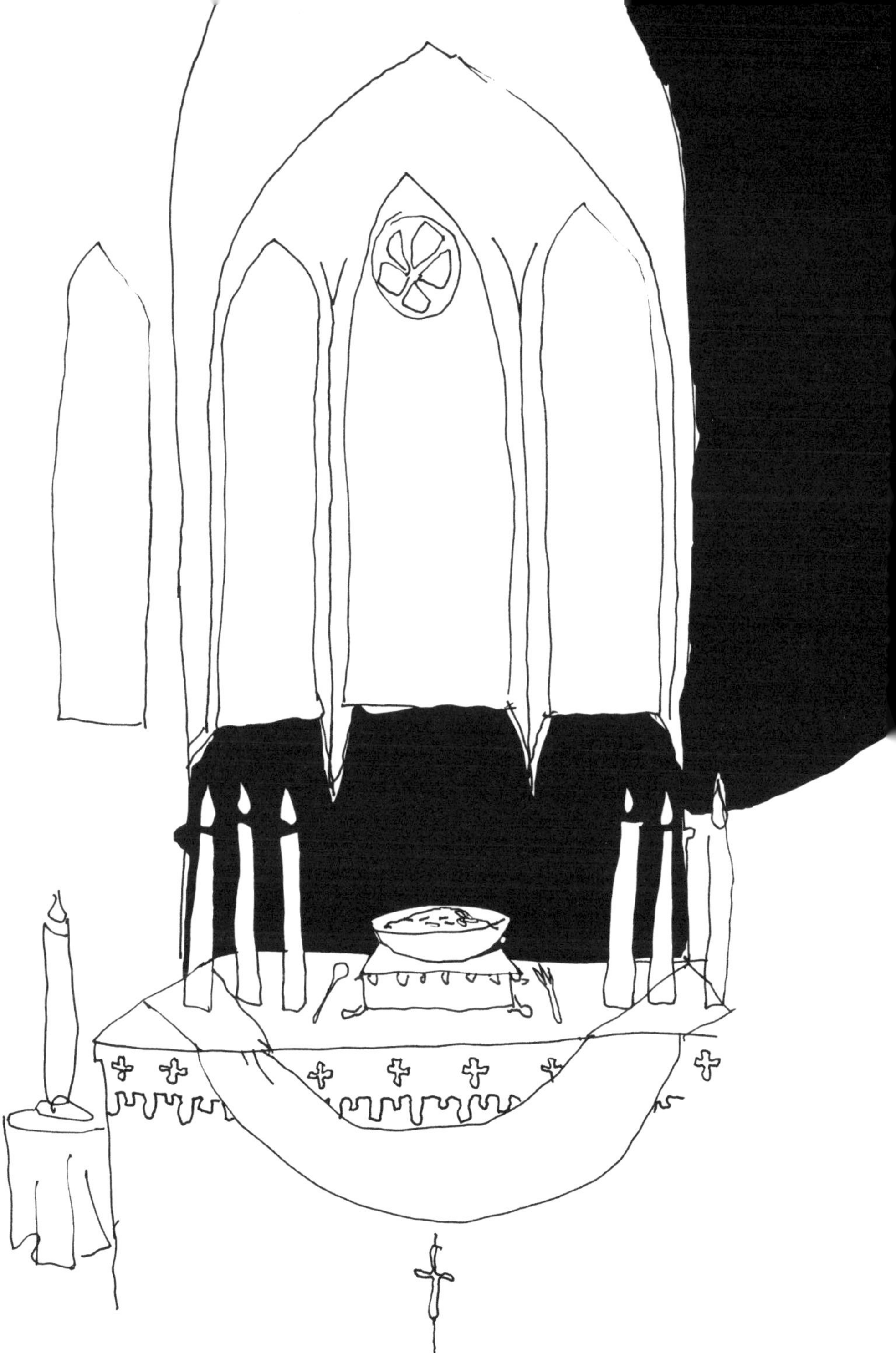

zubereiten

den Zwiebeln in Butter kräftg an, dadurch bekommt er ein nussiges Aroma. Jetzt würzen wir mit Cayenne-Pfeffer, einem kleinen Glas Sherry und einer Prise Curry und dabei sträuben sich jedem italienischen Kochfundamentalisten die Haare, denn das sind ja keine authentisch italienischen Gewürze. So würzt man jedoch im Ristorante «Cesare», einer der berühmtesten Feinschmeckeradressen des Piemont, den Risotto. Mit einem grossen Glas fruchtigen Weisswein starten wir nun den eigentlichen Kochprozess. Bei grosser Hitze geben wir nach und nach die Gemüsebouillon bei, wobei wir ständig rühren und die Körner laufend die Flüssigkeit aufsaugen. Dieser Vorgang dauert mit der Stoppuhr gemessen genau acht Minuten. Anschliessend wird der Risotto sofort in ein riesiges Blech gegossen, so dass höchstens 2 bis 3 Körner aufeinander zu liegen kommen. Zusätzlich giessen wir die restliche lauwarme Bouillon darüber. Jetzt kühlt der Risotto langsam ab, gart dabei weiter und saugt sich mit der Bouillon voll.

_ Diese Technik haben wir entwickelt, um den Risotto vorkochen zu können. Das Vorkochen stellt nämlich folgendes Problem: Entweder wir kochen den Risotto fertig, dann ist er beim Aufwärmen verkocht. Oder wir brechen den Kochvorgang vorzeitig ab, dann ist der Kern des Reiskorns noch hart, weil er ohne Flüssigkeit nicht vollständig aufquellen kann. Wenn wir ihn jetzt wieder aufwärmen, kocht er aussen zwar weiter, aber die Flüssgkeit dringt nicht mehr in den Kern ein und dieser bleibt hart. Dies ist nicht nur zum Essen unerfreulich, dieser Risotto ist auch schlecht verdaulich.

_ Bei unserem Risotto ist das Reiskorn hingegen vollständig aufgequollen und wir brauchen ihn nur noch in kleinen Mengen kurz tüchtig zu erhitzen und mit Butter, frischem Parmesan und etwas Weisswein abzuschmecken. Es ist ebenfalls ein Märchen, dass der Risotto kochend heiss aus dem Topf auf den Tisch kommen muss. Im Gegenteil, er wird cremiger und sein Geschmack runder, wenn er 1 bis 2 Minuten auf dem Teller ruhen kann. Und hier noch die Mengenangaben:

risotto

_ 40 g Butter, 1 Zwiebel, 400 g Carnaroli-Risotto, 2 EL Sherry, je eine Prise Cayenne-Pfeffer, Salz und Curry, 1 Glas Weisswein, 1,5 l Gemüsebouillon. Zum Aufwärmen: viel kalte Butter und Parmesan und ein Spritzer Weisswein.

essenzielles

_Bei einer guten Köchin oder einem guten Koch nach meinem Geschmack ist der Kühlschrank leer, und vor allem auch die Tiefkühltruhe. Im Vorratsschrank befinden sich ein paar wenige Flaschen und Döschen. Gemüse, Früchte, Fleisch und Fisch kaufen sie frisch ein, Fertigprodukte gibt es ohnehin kaum, und im Übrigen beschränken sie sich auf wenige, aber erstklassige Grundprodukte. Gute Küche ist ein simples und harmonisches Zusammenspiel von ein paar wenigen Zutaten und Aromen. Michel Bras, einer der einflussreichsten Köche unserer Zeit, hat für diese Art zu kochen den Satz geprägt: «Il faut aller jusqu'à l'essentielle des choses.» Es geht darum, den Charakter eines Nahrungsmittels optimal zur Geltung zu bringen.

_Wie jeder Maler aus dem unendlichen Farbkreis seine ganz persönliche Farbpalette mischt und jeder Musiker seine Lieblingsharmonien öfter verwendet, hat ein Koch seine ganz eigene Palette an Zutaten und Gewürzen, aus denen sich sein Grundvorrat in der Küche zusammensetzt. Ich lasse Sie im Sinne einer Anregung heute mal in meinen privaten Vorratsschrank schauen. Logischerweise ist das eine oder andere davon bereits in meinen früheren Texten aufgetaucht. Spaghetti di Poschiavo werden in der Molina di Poschiavo noch nach alter Tradition hergestellt. Sie werden langsamer und weniger heiss getrocknet und haben deshalb ein volleres Aroma. Ihre Oberfläche ist aufgeraut, so dass die Sauce besser hängen bleibt. Zu kaufen sind sie zum Beispiel bei Globus. Zitronensalz habe ich immer vorrätig. Ich mische es aus Fleur de Sel, besonders feinem Meersalz, abgeriebenen Zitronenschalen und gehacktem Zitronenthymian. Damit kann ich nahezu jedem Gericht einen frischen Pfiff geben. Es behält sein Aroma mehrere Wochen. Frische Butter brauche ich zum Abschmecken der meisten Teigwaren und Gemüsegerichte. Nicht umsonst war Butter immer ein Qualitätsmerkmal der feinen Küche. Übrigens geben allein diese drei Zutaten ein raffiniertes, kleines Gericht. Gemüsebouillon steht meist in einer Flasche im Kühlschrank bereit. Damit kann ich ohne Saucenwürfel aromatische Fleisch-, Fisch- oder Gemüsegerichte zubereiten. Sie hält sich mehrere Tage frisch, und ihre Herstellung ist zudem super einfach. Olivenöl steht immer als Alternative zur Butter zur Verfügung für Salate und mediterrane Gerichte. Ein Stück alten Parmesankäse braucht jeder Teigwarenfan. Geriebener Parmesan ist nicht empfehlenswert, er trocknet aus, wird meist aus minderwertigem Käse hergestellt und enthält oft zu viele Nitrosamine, welche Krebs erzeugen können. Neben den Teigwaren benütze ich Parmesan oft zum Abschmecken von Fleischsaucen. Carnerolireis, es darf auch eine andere erstklassige Reissorte für Risotto sein, ist die Alternative zu Teigwaren. Mie de pain, das ist frisches, geriebenes Weissbrot. Sein Geschmack ist viel feiner als der von Paniermehl. Ich brauche es zum Binden von gewissen Saucen und Suppen, weil ich den Geschmack von Brot seit meiner Kindheit liebe. Salatsauce mische ich mir jeweils für ein bis zwei Wochen und stelle sie in den Kühlschrank, weil ich sie nicht jedes Mal für zwei Personen zubereiten will. Liebig-Fleischextrakt ist der einzige Fleischfond, der ausschliesslich aus Fleisch hergestellt wird, ohne Geschmacksverstärker und ohne Gewürze, erhältlich in vielen Metzgereien. Passierte, sterilisierte Tomaten sind in Flaschenform abgefüllt in den Läden erhältlich. Für Tomatensaucen sind sie meist besser als die geschmacklose Frischware, weil sie bei optimaler Reife geerntet und schonend verarbeitet werden. Verschiedene Sorten Essig – da bin ich relativ heikel, weil die Qualität eine erhebliche Rolle spielt. Je nach Gericht verwende ich milden Apfelessig, scharfen und würzigen Sherryessig oder den nahezu geschmacklosen Reisessig. Schalotten, Peperoncini, Knoblauch, Ingwer und grüne Zitronen sind meine wichtigsten Frischgewürze, die nie fehlen sollten.

_ Mich würde es natürlich brennend interessieren, in die Küchenschränke von anderen Köchinnen und Köchen zu schauen, weil man darin sieht, wie jemand kocht. Also schreiben Sie mir doch, wenn Sie Lust haben!

hausgemachte gemüsebouillon

_ Gemüseabfälle wie Rüebli- und Sellerieschalen, Zwiebeln, Lauchgrün, Fenchel mit Wasser knapp bedecken. Lorbeerblatt, Nelke und ein paar Korianderkörner, aber kein Salz beifügen und etwa zehn Minuten kochen. Durch ein Sieb passieren und in den Kühlschrank stellen.

essenzielles (2)

_ Kürzlich habe ich an dieser Stelle davon geschrieben, was für mich immer in meinen Küchenschrank gehört. Heute stelle ich meine wichtigsten Küchenutensilien vor, es ist auch diesmal eine persönliche Auswahl. Besucher sind oft befremdet, wie armselig meine Küche zu Hause eingerichtet ist. Wenn ich ab und zu in Privathaushalten koche, erstaunt mich handkehrum immer wieder, welche Unmengen an Geräten und Gerätschaften da herumstehen, vom Mikrowellenofen über das elektrische Sägemesser bis zur elektrischen Pfeffermühle mit eingebauter Taschenlampe. Dagegen fehlen oft die einfachsten Werkzeuge, um effizient arbeiten zu können:

_ Ein grosses und stabiles Schneidebrett mit Rille aus hartem Kunststoff. Holzbretter sind zwar schön, aber unhygienisch, saugen alle möglichen Fremdgerüche auf und verziehen sich zudem meistens. Die Rille verhindert, dass Flüssigkeiten wie Fleisch- oder Orangensaft auf den Küchenboden tropfen. Noch ein kleiner Tipp: vier Dichtungsgummis von Einweckgläsern dem Brett unterlegt verhindern das Rutschen.

_ Eine Gussbratpfanne benötigt man zum Anbraten. Beschichtete Pfannen eignen sich für alles Mögliche, aber nicht zum Anbraten, denn sie speichern zu wenig Hitze. Unter www.manufactum.ch finden Sie die verschiedensten Modelle. Auf dieser Internetadresse finden Sie übrigens weitere traditionelle, solid gearbeitete Küchengeräte von erstklassiger Qualität.

_ Ein paar scharf geschliffene Messer und der dazugehörende Abzugstahl. Es müssen keine mehrhundertfränkige Edelmesser sein, aber sie sollten stabile Klingen besitzen. Billige Messer erschweren nicht nur die Arbeit, sondern erhöhen auch die Unfallgefahr beträchtlich. Wichtig sind weiter verschiedene Schüsseln, und zwar aus Chromstahl. Zerkratzte Plastikschüsseln sind unhygienisch und nehmen alle möglichen Gerüche an.

_ Ein einfacher Holzhobel ersetzt gleich ein paar Schneidemaschinen, man kann damit Gemüse, Kartoffeln und Früchte in verschiedener Dicke und Form schneiden. Zudem ist er einfach zu reinigen. Zu finden ist der klassische Holzhobel in einem traditionellen Haushaltsgeschäft. Raffeln sollte man regelmässig ersetzen, sie werden relativ schnell stumpf und lassen sich nicht nachschleifen. Eine neue Raffel gibt mir jeweils dasselbe Hochgefühl wie eine frische Rasierklinge am Morgen und ist eine kleine Investition, die das Kochen enorm erleichtert.

_ Der Backofen ist mein wichtigstes Küchengerät, nicht nur zum Backen, Schmoren, Gratinieren und Braten. Viele Gerichte lassen sich in der gleichmässigen Ofenwärme einfacher zubereiten als auf dem Herd. Andere Gerichte sollte man bei niederer Temperatur im Ofen noch nachziehen lassen. In jeder Produktelinie gibt es eine Rolls-Royce-Ausführung. Sie verfügt über unzählige Programme, die man in der Praxis nie benützt. Empfehlenswert sind deshalb die einfachen Modelle, allenfalls mit einem Temperaturfühler. Falls der Backofen keinen solchen enthält, ist das Kerntemperaturthermometer ein nützliches Instrument, um den Garpunkt von Fleisch, ganzem Geflügel oder Fischen zu bestimmen.

_ Mit einem Mixstab ist eine geschiedene Buttersauce schnell gerettet, eine Tomatensauce püriert oder ein Süppchen schaumig gerührt. Die billigen Plastikdinger taugen da allerdings wenig, es lohnt sich, in einen leistungsfähigen Mixstab mit langer Lebensdauer zu investieren, zum Beispiel in ein Modell der Firma Bamix. Wer Fischterrinen, Fleischpasteten, Beefsteak tatar oder Gemüseflans zubereiten möchte, sollte sich einen Cutter zulegen, zum Beispiel eine Moulinette. Diese kleinen Maschinen verfügen über einen leistungsfähigen Motor und relativ grosse, flachliegende Messer, die es erlauben, auch Fleisch-, Gemüse oder Fischstücke zu zerkleinern oder frisches Paniermehl herzustellen.

(mit Paniermehl aus frischem Brot)

kalbsschnitzel

_ Nicht zu dünne Kalbsschnitzel mit Salz und Pfeffer würzen und durch leicht aufgeschlagenes Eiweiss ziehen. 2 – 3 Tage altes Weissbrot ohne Rinde in kleine Würfel schneiden und im Cutter fein hacken. Die Schnitzel im Paniermehl wenden und die Brotkrumen dabei gut festpressen. In viel frischer Butter bei mittlerer Hitze goldbraun braten. Im Backofen bei etwa 120° warm stellen, bis alle Schnitzel fertig gebraten sind.

basis: salat

_Sommer. Engadin. Fextal. Chesa Pool, eines der wenigen Sommerrestaurants – und dazu zähle ich alle in den Bergen, in den Strandbädern, an Ausflugsorten und in Gärten – , wo ich einen fantasievollen und bekömmlichen Salat bekomme: Ein bisschen Couscous und Humus, ein paar Oliven, etwas Frischkäse und Antipastogemüse ergänzen die knackigen, wohl abgeschmeckten Blattsalate. Das ist mit Liebe und Intelligenz zubereitet und leider so selten zu bekommen. Ich verstehe die logistischen Probleme der Sommerrestaurants. Eine Stunde scheint die Sonne und der Betrieb läuft wie verrückt, die andere Stunde regnet es in Strömen und die nassen Tische verströmen eine melancholische Tristesse. Trotzdem, warum müssen es immer diese strohigen Lolosalatblätter sein und nicht Kopfsalat, Lattich, Spinat, Frisé, Endivien oder Zuckerhut, die doch alle viel besser schmecken? Und wieso werden aus der bunten Vielfalt an Sommergemüsen immer Peperoni, Rettich, Gurken und Borlottibohnen ausgesucht, die mir auf dem anschliessenden Heimweg unangenehm aufstossen?

_In der Schweiz werden jährlich für 40 Millionen Franken Fertigsalatsaucen gekauft. Kürzlich war ich vom «Kassensturz» zu einem Test von Fertigsalatsaucen eingeladen. Berufs- und Amateurköchinnen und Köche verkosteten acht verschiedenen Saucen und das Urteil war einhellig und vernichtend: Es schmeckte uns nur die hausgemachte Salatsauce von Globus für 17.60 Franken pro Liter. Zum Vergleich: Unsere Reblaubensauce kostet 2.20 Franken pro Liter. Als Argument für die Fertigsalatsauce höre ich immer die mangelnde Zeit, deshalb habe ich mal den Zeitbedarf für die Herstellung unserer Salatsauce ausgerechnet: Etwa 6 Sekunden pro Portion! Ob wir 1 oder 200 Portionen zubereiten dauert nämlich ziemlich genau gleich lange und die 200 Portionen bleiben im Kühlschrank problemlos etwa zwei Wochen haltbar. Im Gegensatz zu den Fertigsalatsaucen verwenden wir dafür nur natürliche Rohprodukte, ohne irgendwelche Konservierungsmittel. Es geht mir hier keinesfalls darum, dass unsere Salatsauce die beste wäre, das ist Geschmackssache und deshalb ist das Rezept auch unwichtig. Es geht mir vielmehr darum, Sie zu ermuntern, Ihre Fertigsalatsauce selber herzustellen. Nehmen Sie sich ein einziges Mal eine ruhige Viertelstunde und bereiten Sie sorgfältig eine Salatsauce zu, die Ihnen wirklich schmeckt. Nehmen Sie sich dabei die Mühe alle Mengen genau abzumessen und aufzuschreiben. Machen Sie aber nicht eine Portion, sondern gleich den Bedarf für ein bis zwei Wochen, grössere Mengen sind viel einfacher abzumessen. Dieses Rezept hängen

Sie an den Küchenkasten und ab jetzt benötigen Sie für die Zubereitung Ihrer Lieblingssalatsauce alle zwei Wochen noch höchstens eine halbe Stunde. Für jeden Liter können Sie zudem ein 10er-Nötli in ein Sparkässeli legen. Noch etwas Drittes verstehe ich nicht: Wieso boomt der Markt von vorgerüsteten Salaten? Neben Frische und Knackigkeit verliert geschnittenes, rohes Gemüse mit rasender Geschwindigeit die essentiellen Nährstoffe durch Oxidation. Bis zur Mittagspause im Büro entspricht der Nährwert von einem Blatt Salat etwa dem eines Blatt Papiers. Ich bin überzeugt, bei einer Gesamtzeitkalkulation benötigt ein selbst gemachter Salat nicht mehr Zeit, als der gekaufte und auch hier können Sie jeden zweiten Tag ein 10er-Nötli ins Sparkässeli stecken. Im Folgenden ein paar ganz simple Beispiele als Anregung für den Alltag, die ein, zwei Tage ohne wesentliche Nährverluste haltbar sind (das Salz erwähne ich nicht jedes Mal speziell):

sellerie _ *mit der Röstiraffel geschnitten, etwas Apfelessig, Maggiwürze, Kaffeerahm.*

rüebli _ *mit der Röstiraffel geschnitten, Sauerhalbrahm, Zitronensaft, Pfefferminze, Aromat.*

grüne linsen _ *15 Min. gekocht, Sonnenblumenöl, etwas Sesam- oder Haselnussöl, Sherryessig,frischer Majoran.*

rollgerste _ *in viel Wasser knapp weich gekocht, ein gekochtes, gehacktes Ei, Apfelessig, Milch und Majoran (lässt sich auch einfrieren.)*

couscousgriess _ *zwei Min. gedünstet, viel Pfefferminz und Petersilie, Essig und Olivenöl (auch zum Einfrieren geeignet).*

zucchetti _ *geschnitten, etwas Zitronenschale und Saft, Zitronenthymian, Olivenöl, Sambal oelek und gehackte Oliven.*

aromatische tomaten _ *Olivenöl, Ingwer und etwas Frischkäse. Dieser Salat wird zwar matschig, schmeckt aber unheimlich gut.*

fisch

_ Seit wir Zürcher den Bianchi aus unserer Stadt vertrieben haben, stelle ich unter Fischliebhabern eine gewisse Ratlosigkeit fest. Zwar verfügen Globus, Jelmoli und einige Migros- und Coop-Filialen über ganz ausgezeichnete Fischabteilungen, doch das atmosphärische Etwas, dieser Hauch von Ferien, Meer und kulinarischem Abenteuer, den wir mit Fischen, Muscheln und Krustentieren verbinden, will sich da nicht richtig einstellen. Am ehesten finde ich ihn bei den sympathischen Verkäuferinnen und Verkäufern im Migros Limmatplatz, meinem bevorzugten Fischgeschäft.

_ Einheimische Fische wie Felchen, Egli, Hecht, Saibling und manchmal sogar Trüschen gibt es in teilweise frischer Qualität auf den Zürcher Gemüsemärkten. Meerfische würde ich dort nicht unbedingt kaufen, zu verschlungen sind mir ihre Reiserouten. Wir Profis sind gegenüber Privaten im Vorteil, weil verschiedene Grosshändler uns in einer durchgehenden Kühlkette vom Meer bis direkt in unsere Restaurantküchen beliefern.

_ Die Qualität des Fisches und dabei vor allem seine Frische ist der weitaus wichtigste Aspekt für das Gelingen eines Fischgerichts. Zubereitungen gibt es verschiedene sehr einfache, wenn man ein paar Grundregeln beachtet. Die Frische hängt von den verschiedensten Faktoren ab: Die meisten Fische kommen von grossen Fangschiffen, die mehrere Tage auf dem Meer unterwegs sind. Da kann ein Fisch schon recht betagt sein, bevor er überhaupt an Land kommt. Deshalb versuche ich, wenn immer möglich, Fische von «petits bateaux» zu bekommen, das sind die kleinen Schiffe, die nachts auslaufen und jeden Morgen ihren Fang an Land bringen. Je nachdem, wie viele Zwischenhändler sich einschalten, kann die Reise anschliessend mehrere Tage dauern, bis der Fisch im Verkauf ist. Die erstklassigen Importeure oder auch die Migros brauchen dazu im Allgemeinen nur 24 Stunden. Es ist nebenbei bemerkt eine Illusion, zu meinen, dass Fische an der Mittelmeerküste frischer seien. In Italien werden sie meist über den Fischmarkt von Mailand an die Küstenrestaurants geliefert, in Frankreich über den Engrosmarkt von Paris. Und um noch eine Ferienillusion anzuknabbern: Vieles, was man an der Riviera, der Adria, den Kanarischen Inseln oder der Côte d'Azur auf den Tisch bekommt, stammt aus Asien, Südamerika oder Afrika und ist häufig Tiefkühlkost. Die Meere rund um Europa sind nämlich nahezu leer gefischt, und laut Prognosen von Experten wird dies in wenigen Jahren in sämtlichen Weltmeeren der Fall sein, wenn nicht radikale Massnahmen zum Schutz der

Meeresbewohner getroffen werden. Eine Alternative sind Fische aus der Zucht, die weltweit seit einigen Jahren intensiv gefördert wird.

_ Für den Laien ist dieser Unterschied im Laden nicht erkennbar, weshalb der Fischeinkauf immer eine Vertrauensfrage ist. Auch die Frische ist im Laden, vor allem bei Filets, schwer zu erkennen. Es gibt die verschiedensten Tipps an Frischemerkmalen. Nach meiner Erfahrung ist der sicherste Hinweis die Farbe des Blutes in der Bauchhöhle und zwischen den Kiemen. Es soll hellrot bis orangerot sein und nicht dunkelviolett oder gar bräunlich. Wenn immer möglich würde ich auch keine fertigen Filets kaufen, sondern ganze Fische vom Verkäufer filetieren lassen. Wenn das dem Verkäufer zu viel Mühe machen sollte, ist das schon ein ganz schlechtes Zeichen für seine Berufsauffassung und nicht sehr vertrauenserweckend. Da wir heute den Fisch erst eingekauft haben, gibts noch kein Rezept.

_ Das nächste Mal werde ich mit der Zubereitung beginnen, bis dann Petri Heil!

fisch (2)

_ Neben den Fischabteilungen von Globus, Jelmoli, Migros und Coop gibt es mehr und mehr frischen Fisch auch in Metzgereien zu kaufen. Die meisten werden von den beiden Grosshändlern Dörig und Bianchi beliefert. Bianchi bietet für Privatkunden einen phänomenalen Service, der leider viel zu wenig bekannt ist: Man kann bei ihm über jeden beliebigen Metzger in der Region Zürich einen Loup de Mer, Turbot oder irgendeinen anderen Fisch bestellen und ihn innert 24 Stunden in frischester Qualität küchenfertig vorbereitet beim Metzger abholen. Bianchi liefert zweimal täglich in den ganzen Kanton. Eine zuverlässigere Garantie für Frische gibt es nicht. Nachdem wir den Fisch bestellt, abgeholt, nach Hause getragen und in der Küche ausgepackt haben, kommen wir nun endlich zur Zubereitung. Dazu muss ich erst mal etwas Ordnung schaffen, es gibt rund 20 000 verschiedene Fischarten und noch mehr Möglichkeiten, sie zuzubereiten, ich muss mich leider auf ein paar grundlegende Tipps beschränken. Viele Hobbyköche, die an sich sehr gut kochen, trauen sich nur zögernd an Fischgerichte in der Überzeugung, diese seien besonders schwierig – zu Unrecht, die Zubereitung von Fisch ist eher einfacher als die Zubereitung von Fleisch und viel einfacher als diejenige von Gemüse, es gilt nur ein paar wenige, aber wichtige Grundregeln zu beachten.

_ Die erste und sehr wichtige Frage ist: Arbeiten wir mit dem ganzen Fisch oder mit den Filets? Persönlich ziehe ich wenn immer möglich den ganzen Fisch vor. Erstens ist die Zubereitung einfacher, und zweitens wird er saftiger und aromatischer. Die zweite Frage: Wollen wir ihn in einer Flüssigkeit kochen, wir Köche nennen das pochieren, wollen wir ihn dünsten, das heisst zugedeckt im eigenen Saft garen, oder wollen wir ihn im Ofen braten?

_ Jede Zubereitung hat ihre eigenen Vorteile. Das Grillieren und Frittieren lasse ich hier weg, das wären zwei Kapitel für sich. Beginnen wir also mit dem Pochieren. Die Garflüssigkeit kann aus ganz verschiedenen Zutaten bestehen, einer Gemüsebouillon mit Zitrone, Wasser mit Weisswein und Gewürzen, ja man kann den Fisch sogar in gewürztem Rahm pochieren, das Vorgehen ist im Wesentlichen immer dasselbe. Wir kochen die gewählte Flüssigkeit einmal auf, legen den kräftig gewürzten Fisch hinein und kochen das Ganze noch einmal auf. Nun kommt der wichtigste Moment: Der Sud darf ab jetzt nie mehr kochen, die Temperatur soll 85 bis 90 Grad betragen, denn bei rund 70 Grad gart das Fischeiweiss, über 90 Grad trocknet es aus. Man kann die Temperatur mit einem Milchthermometer oder einem Fleischthermometer ausmessen. Die gleichmässigste Hitze erreichen wir jedoch, indem wir die Pfanne samt Sud und Fisch zugedeckt bei etwa 140 Grad in den Ofen stellen. Als nächstes stellt sich die Frage nach der exakten Garzeit. Dazu kann ich Ihnen leider keine konkreten Angaben machen, sie hängt von der genauen Temperatur der Flüssigkeit und vor allem von der Grösse des Fisches ab. Und doch ist dieses Problem ganz einfach zu lösen: Wenn sich die Rückenflosse des Fisches leicht herausziehen lässt, ist der Fisch gar. Wenn die Temperatur nie 90 Grad übersteigt, spielt es zudem keine Rolle, ob der Fisch 10 Minuten länger oder weniger lang im Sud liegt, er bleibt noch lange saftig und zart. Bei Filets dagegen kommt es auf die Sekunde an, sobald diese glasig sind, müssen sie sofort serviert werden.

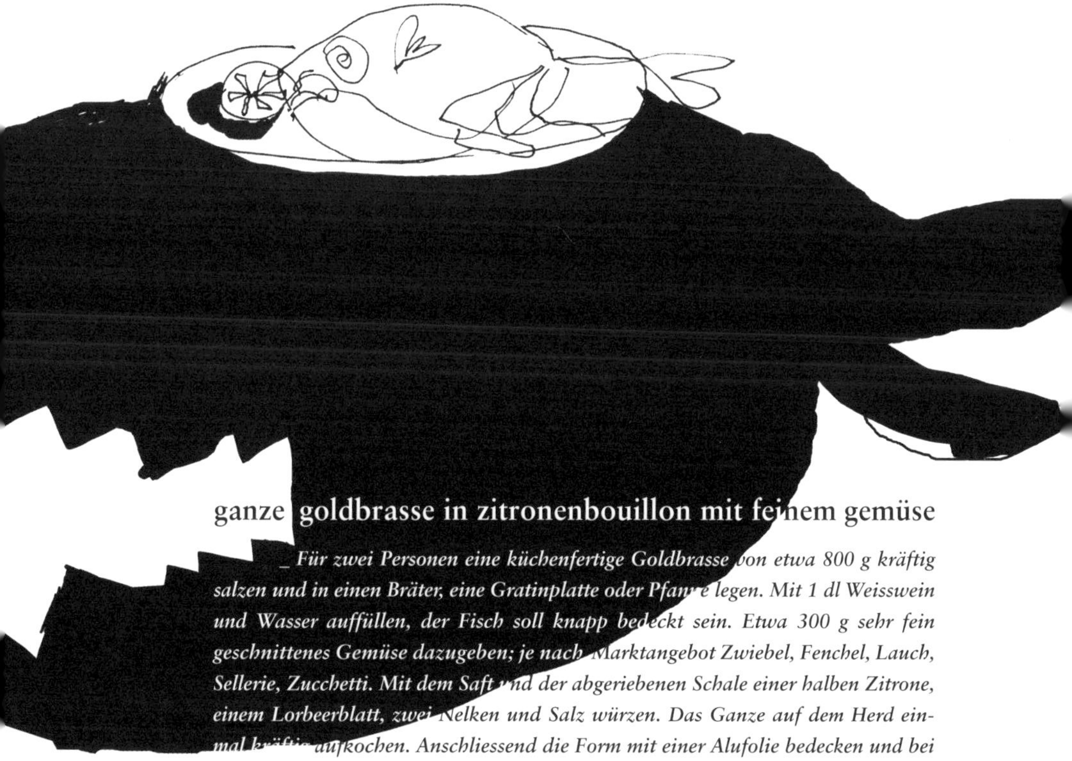

ganze goldbrasse in zitronenbouillon mit feinem gemüse

_ Für zwei Personen eine küchenfertige Goldbrasse von etwa 800 g kräftig salzen und in einen Bräter, eine Gratinplatte oder Pfanne legen. Mit 1 dl Weisswein und Wasser auffüllen, der Fisch soll knapp bedeckt sein. Etwa 300 g sehr fein geschnittenes Gemüse dazugeben; je nach Marktangebot Zwiebel, Fenchel, Lauch, Sellerie, Zucchetti. Mit dem Saft und der abgeriebenen Schale einer halben Zitrone, einem Lorbeerblatt, zwei Nelken und Salz würzen. Das Ganze auf dem Herd einmal kräftig aufkochen. Anschliessend die Form mit einer Alufolie bedecken und bei 140° für etwa 20 Min. in den Ofen schieben. Garprobe: Die Rückenflosse soll sich leicht herausziehen lassen. Den Fisch aus dem Sud heben, die Haut entfernen und das erste Filet ablösen. Den Fisch drehen und das zweite Filet ablösen. Das Gemüse über die Fischfilets verteilen und mit etwas Bouillon übergiessen. Nach Belieben fein geschnittenen Basilikum oder Kerbel darüberstreuen und servieren.

fisch (3)

_ Zur Information für neu dazukommende Leser: In der ersten Fischkolumne gings um die sorgfältige Auswahl und den Einkauf, in der zweiten um eine Übersicht über die verschiedenen Zubereitungsmöglichkeiten und insbesondere das Pochieren, und heute dreht sich alles um das Braten und Backen. Vor ein paar Monaten fragte ein Leser an, wie man Eglifilets knusprig braten könne, und ich musste ihm zurückschreiben, dass das leider nicht funktioniere, aus folgendem Grund: Um knusprig zu werden, muss ein Nahrungsmittel vollkommen trocken sein. Pommes Chips beispielsweise, die nur etwas feucht werden, verlieren sofort ihre Knusprigkeit. Bei einem Brathühnchen besteht die grosse Kunst darin, dass die Haut vollständig austrocknet, damit sie knusprig wird, während gleichzeitig das Hühnerfleisch feucht und saftig bleiben sollte. Beim Eglifilet ist dies ganz unmöglich, ohne dass das Fischfleisch vollkommen austrocknet und ungeniessbar wird. Deshalb zieht man den Egli durch einen Bierteig, der beim Backen knusprig wird, während das Fischfleisch schön saftig bleibt. Natürlich kann man das Eglifilet auch mit einem Küchenpapier trocken tupfen, leicht mit Mehl bestäuben und in Butter braten. Das schmeckt köstlich, aber knusprig wird es nicht. Was ich am Beispiel von Egli erklärt habe, gilt selbstverständlich auch für andere Fischfilets. Noch mehr als beim Pochieren ist beim Braten und Backen der ganze Fisch den Filets vorzuziehen. Im Gegensatz zum Fischfleisch kann man die Haut sehr gut anbraten. Doch auch hier gilt die Grundregel: Zu grosse Hitze trocknet den Fisch aus. Deshalb besteht das Braten eigentlich aus zwei Vorgängen: Zuerst wird der Fisch auf der Haut in irgendeinem Fettstoff, Butter, Olivenöl oder was Sie sonst mögen, gebraten und anschliessend bei wesentlich tieferer Temperatur, am besten im Ofen bei 140 Grad, fertig gegart. Dabei umschliesst die Haut das Fischfleisch wie eine Folie und hält es wunderbar saftig. Vorgängig sollte man den Fisch in der Bauchhöhle kräftig würzen.

_ Eine spannende und vielseitige Variante des Bratvorgangs besteht darin, den Fisch auf ein Bett von Kartoffeln, Gemüse oder von beidem zu legen. Dabei hat man zwei Vorteile: Der Fisch ist von unten gegen die Hitze des Bleches geschützt, und gleichzeitig findet eine Verschmelzung der Aromen statt: Der Fisch gibt Saft und Geschmack an das Gemüse ab, und das Gemüse aromatisiert umgekehrt den Fisch.

(mit Sommergemüse)

geschmorte goldbrasse

_ 1 Goldbrasse (etwa 600 – 800 g), geschuppt und ausgenommen, reicht für 2 Personen, 4 EL Olivenöl, 3 Frühlingszwiebeln, in Rädchen, 1 KL Zitronenthymian, gezupft, Knoblauch, gehackt, je 150 g Zucchetti und Tomaten, in feinen Scheiben, 2 Lorbeerblätter, 1/2 Zitrone, in sehr feinen Scheiben, Salz, Pfeffer. Den Ofen auf 160 ° vorheizen. Den Fisch innen kräftig salzen und pfeffern.

_ Zwiebeln, Zucchetti, Thymian und Knoblauch in einer Teflonpfanne ganz kurz in Olivenöl braten und in einer feuerfesten Platte verteilen, die etwas grösser als der Fisch ist. Den Fisch in der gleichen Pfanne ebenfalls leicht anbraten, auf das Gemüse legen, mit den Tomaten- und Zitronenscheiben schuppenartig belegen. Nochmals salzen und pfeffern. In den Ofen schieben und 15 – 25 Min. braten. Der Fisch ist gar, wenn sich die Rückenflosse leicht herausziehen lässt. Im offenen Ofen bis zum Servieren ruhen lassen. Den Ofen schalte ich bei diesem Rezept höher, weil der Fisch vom Gemüse bedeckt ist.

(als spektakuläre Backvariante in der Salzkruste)

loup de mer

_ 1 Wolfsbarsch, ungeschuppt, ca. 800 g bis 1 kg, 1 Thymianzweig, 1/2 Zitrone, 1 Knoblauchzehe halbiert, 600 g grobes Meersalz, 600 g feines Salz, 3 Eiweiss, Olivenöl. Den Fisch mit Knoblauch, Zitrone und Thymian füllen und die Aussenseite des Fischs mit Olivenöl einstreichen. In einer Schüssel die Salze mit dem Eiweiss vermengen.

_ Die Masse in der Grösse des Fisches circa 5 mm dick auf ein Backblech streichen, den gefüllten Fisch darauflegen und mit der restlichen Salzmasse bedecken, so, dass der Fisch ganz in das Salz eingepackt ist. Den Fisch im 180 ° heissen Ofen 45 Min. backen. Anschliessend herausnehmen und 15 Min. stehen lassen. Die Salzschicht rundum mit einem Sägemesser aufschneiden und den Salzdeckel abheben. Die Haut ablösen und den Fisch filetieren.

heisse luft

_Was wir in Gesprächen und in den Medien keinesfalls schätzen, ist in der Küche ein kostbarer Rohstoff. Und solange die Luft nicht privatisiert und patentiert wird, ist sie zudem noch gratis.

_«Luftig» und «schaumig» sind in Verbindung mit Essen ausgesprochen positiv besetzte Begriffe, denken wir an ein luftiges Zitronensoufflé, eine luftige Hechtterrine, eine schaumige Sauce Béarnaise oder eine schaumige Mousse au Chocolat. Nicht zufällig sind es französische Gerichte, die uns dabei in den Sinn kommen. Ich kenne keine luftigen oder schaumigen Rezepte aus der asiatischen oder italiensichen Küche. Die Franzosen sind jedenfalls die Meister des Schaumschlagens.

_Die Luft als Rohstoff in der Küche ist zwar gratis, hat aber ihre Tücken: Man benötigt keine allzu grossen Kenntnisse um Luft in eine Masse hineinzubringen, die Kunst besteht darin, dafür zu sorgen, dass sie auch drin bleibt. Physikalisch gesehen ist der Vorgang meist derselbe: Durch Schwingen bringt man Luft unter die Eiweissmoleküle, welche die Luft umschliessen. Durch Erhitzen dehnt sich die Luft, oder besser der Wasserdampf aus. Durch Abkühlen fällt sie entsprechend wieder zusammen, was alle schon erlebt haben, wenn sie ein Soufflé zu früh aus dem Ofen gezogen oder eine Béarnaise zu wenig sorgfältig abgerührt haben. Das Eiweiss muss nämlich so stark erhitzt werden, dass es koaguliert und damit ein stabiles Gerüst für die enthaltene Luft bildet. Erhitzt man allerdings das Soufflé zu stark, überdehnt der Wasserdampf die Eiweisspartikel, sie platzen und das Soufflé fällt noch im Ofen zusammen. Der Schwierigkeiten nicht genug kann Butter, Öl oder Fett die Luftigkeit stark beeinträchtigen. Wir kennen das vom Butterzopf: Je mehr Butter wir verwenden, desto schwieriger wird das Backen. Es besteht also ein unlösbarer Konflikt zwischen der Buttrigkeit oder Cremigkeit einer Speise und ihrer Luftigkeit. Wenn wir Eiweiss zu Schnee schlagen wollen, ist es deshalb wichtig, dass die Schüssel absolut fettfrei ist. Dazu ein kleiner Trick: Reiben Sie die Schüssel vorher mit ganz wenig Zitronensaft aus.

_Bei einer Sauce Béarnaise rührt man die Butter erst ein, wenn das Eigelb genügend erhitzt und damit genügend stabil ist. Trotzdem geht dabei ein Teil der Schaumigkeit verloren. Es nützt nichts, einen Schwingbesen zu verwenden, im Gegenteil, damit zerschlagen wir mehr Luftbläschen als nötig. Wir müssen die Butter mit einem Holzlöffel oder einen Gummispatel sorgfältig unter die

Sauce heben. Melieren heisst der Küchenfachausdruck für diesen Vorgang. Ebenso sollte man Schlagrahm nicht mit dem Schwingbesen unter eine Creme rühren, sondern mit einem Holzlöffel melieren. Bei einer Mousse wird oft Gelatine oder ein anderes Geliermittel verwendet. Dabei ist es ebenfalls sehr wichtig, dass die Masse so weit abgekühlt ist, dass sie beinahe geliert, bevor man den eiskalten Schlagrahm darunterzieht. So verleiht die Gelatine den Luftbläschen sofort die nötige Stabilität, bevor der Rahm sich verflüssigen kann. Allerdings lauert auch hier wieder eine Tücke: Hat die Gelatine bereits vollständig angezogen, lässt sich der Rahm nicht mehr richtig melieren und es bilden sich die verhassten Gelatineklümpchen, die man kaum mehr raus bringt. Schlimmstenfalls muss man dann die Mousse durch ein ganz feines Sieb streichen, wobei sie natürlich einen grossen Teil ihrer Luftigkeit verliert. Wenn ich das alles so niederschreibe, kommt mir ein Satz von Auguste Escoffier, des fraglos bedeutendsten Küchenchefs des letzten Jahrhunderts, in den Sinn: «Die Kochkunst wird wissenschaftlich werden, ohne aufzuhören Kunst zu sein.»

ziegenkäsesoufflé

_ 140g Ziegenquark mit 3 Eigelb, 50g Zucker mit dem Saft und der abgeriebenen Schale einer halben Zitrone gut verrühren. Die 3 Eiweiss steif schlagen und mit der Masse melieren. In 4 ausgebutterte Förmchen füllen und im vorgeheizten Ofen bei 180 ° etwa 12 Min. backen, die Soufflés sollen aussen hellbraun werden. Sofort mit einer Fruchtsauce servieren. Die Backzeit hängt stark von der Art der Förmchen und vom Backofen ab.

_ «Und wenn man am Schluss die Sauce mit frischem Schweineblut abbindet, mag dabei eine nostalgische Sehnsucht auftauchen nach der Zeit, als der Herbst noch nach Laubfeuer und gebratenen Äpfeln roch und das Ritual der Dorfmetzgete jeweils den kommenden Winter ankündigte.»

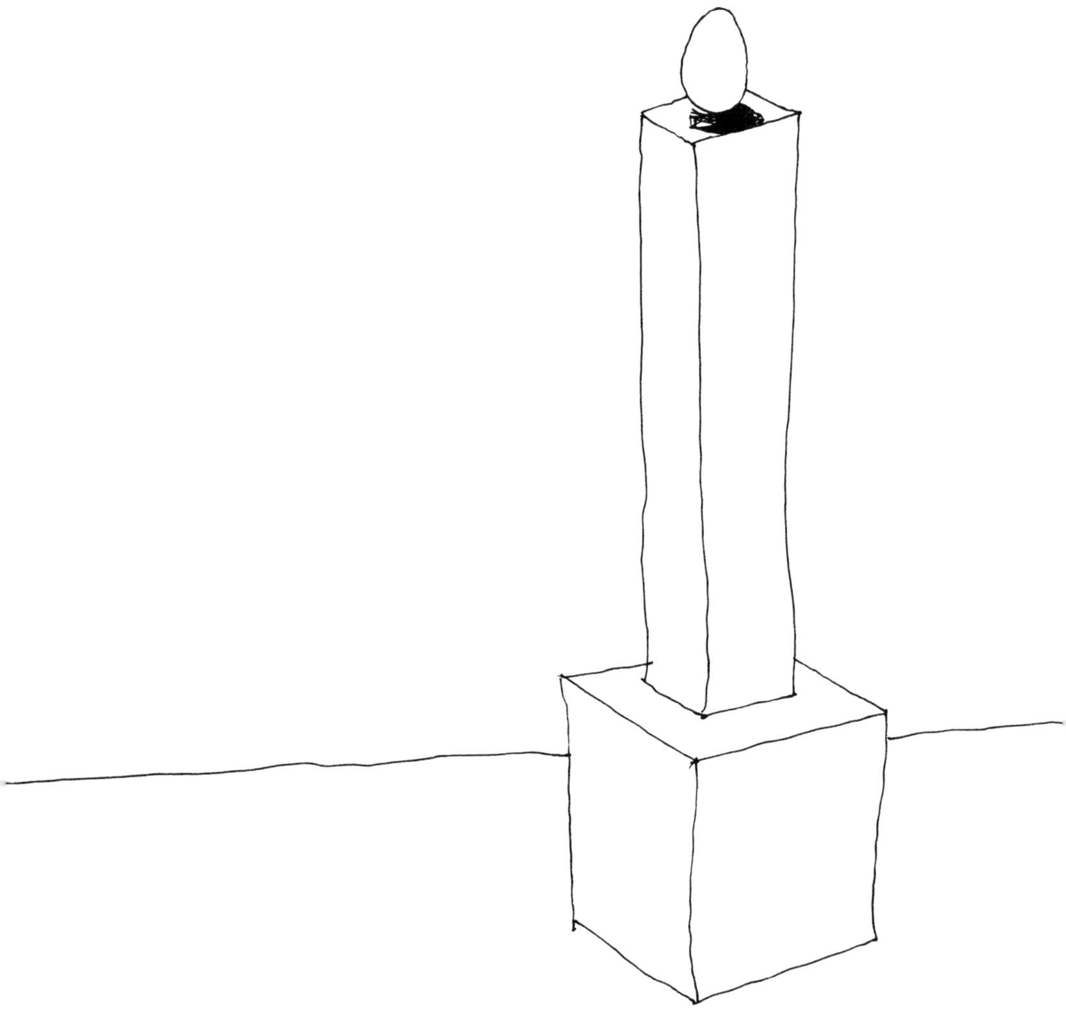

keineswegs einerlei

_ Auguste Escoffier, Begründer der modernen französischen Kochkunst (1846–1935), widmete den Eierspeisen in seinem «guide culinaire» volle dreissig Seiten. Das Ei hat zu Unrecht einen schlechten Ruf als Cholesterinbombe bekommen. Seit Jahrzehnten ist bekannt, dass Cholesterin in Nahrungsmitteln keinen nachhaltigen Einfluss auf den Cholesterinspiegel des Blutes hat, weil der Körper diesen unabhängig von der Nahrung reguliert und ein Mehrfaches an Cholesterin selbst produziert.

_ Heute sind die Eier schlicht zu billig, um als die Delikatesse wahrgenommen zu werden, die sie eigentlich sind. Verglichen mit den Lebenskosten zu Escoffiers Zeiten müsste ein Ei heute etwa 20 Franken kosten! Die etwa hundertfache Verbilligung des einstigen Luxusprodukts wurde mit der Industrialisierung der Hühnerhaltung erzielt. Zwar ist die berüchtigte Batteriekäfighaltung in der Schweiz verboten, doch immer noch wird der grösste Teil der Legehennen nicht artgerecht gehalten. Die Bezeichnungen «Bodenhaltung» oder «Freiland» sind in dieser Beziehung völlig ungenügend. Daran ändern auch idyllische Fotos von glücklichen Hühnern auf der Eierschachtel nichts. Man sollte sich auch nicht von Bauernfängereien wie «frisch vom Bauernhof» oder «nestfrisch» verleiten lassen. Wer wirklich auf artgerechte Tierhaltung und tiergerechtes Futter achten will, kauft Eier mit der bekannten Knospe der «Bio-

Suisse». Migros verkauft unter ihrem Biolabel ebenfalls Schweizer Eier, die von «Bio-Suisse»-Bauernhöfen stammen. Top of the Top sind jedoch «kagfreiland»-Eier. «kagfreiland»-Legehennen geniessen die natürlichsten und am besten kontrollierten Lebensbedingungen. Beispielsweise ist ihnen als einzigen das Zusammenleben mit Hähnen garantiert, was zweifellos zu ihrem Wohlbefinden beiträgt.

_ Am Ostersonntag habe ich «kagfreiland»-Ostereier genossen und stellte einmal mehr überrascht auch den kulinarischen Qualitätsunterschied fest, welch frische Feinheit und Cremigkeit im Geschmack, eine Delikatesse!

_ Für den Koch und Feinschmecker ist das Hühnerei ein Zaubermittel mit nahezu unbegrenzten Möglichkeiten, aber auch kochtechnischen Tücken. Denken wir beispielsweise an die heikle Sauce béarnaise oder die luftige Zabaglione. Selbst für die vollendete Zubereitung eines einfachen Rühreis benötigte Auguste Escoffier eine ganze Buchseite, und das ordinäre Spiegelei war dem legendären Paul Bocuse eine Demonstration vor deutschen Küchenchefs wert. Osterei ist nicht gleich Osterei. Oft ist das Eiweiss gummig und das Eigelb trocken. Hier die Zubereitung lege artis: Höchstens vier Tage alte Eier in siedendes, aber nicht kochendes Wasser legen. Die Eier genau sieben Minuten knapp unter dem Siedepunkt halten und anschliessend nicht kalt abschrecken. So bleibt das Eiweiss wachsweich und das Eigelb cremig zart.

_ Am Osterdienstag kümmern wir uns jedoch um die Verwertung der Ostereier mit einer eleganten und bekömmlichen Abwandlung der gutbürgerlichen Mayonnaise. Es ist wenig bekannt, dass diese auch mit gekochten Eiern zubereitet werden kann. Beliebig viele Ostereier schälen und Eigelb und Eiweiss trennen. Die Eigelb mit etwas Wasser, Essig und Senf zu einer dickflüssige Creme mixen. Nach und nach erstklassiges Olivenöl in einem dünnen Faden dazugiessen, je mehr Olivenöl wir zugeben, desto dicker wird die Mayonnaise. Saft und fein geriebene Schale einer halben Zitrone beifügen. Mit Salz, Pfeffer abschmecken. Die Sauce wird bekömmlicher, wenn wir sie anschliessend mit etwas Magerquark oder Sauerhalbrahm vermischen. Gehackte Pfefferminze geben der Mayonnaise eine zusätzliche, aparte Note. Am Schluss das fein gehackte Eiweiss darunter mischen und je nach Verwendung mit Wasser nochmals etwas verdünnen. Diese Mayonnaise passt zu verschiedensten Salaten, aber auch zu Fisch oder «Gschwellti».

frühlingsknospen im teller

_Trotz dem wunderbar frühlingshaften Wetter sieht man auf den Gemüsemärkten noch nicht allzu viele Erzeugnisse dieser Jahreszeit. Bärlauch gibt es schon zu kaufen, mit dem sich ein Pesto nach dem gleichen Vorgehen wie Basilikumpesto zubereiten lässt. Den ersten Löwenzahn habe ich entdeckt und sogar frische Morcheln, wobei diese wohl noch aus wärmeren Gefilden importiert werden. Vor den Gewürz- und Kräuterständen gibt es bereits kleinere Menschentrauben. Ich wiederhole deshalb gerne meine alljährliche Warnung, sich nicht vom schönen Wetter verführen zu lassen. Für die meisten Kräuter ist es noch viel zu früh zum Aussetzen. Bei den kühlen Nächten und etwas feuchterem Wetter werden sie höchstwahrscheinlich verfaulen. Ich persönlich warte meist die Eisheiligen im Mai ab.

_Besonders freue ich mich jedes Frühjahr auf die kleinen, violetten Artischocken aus Italien. Im Gegensatz zu den grossen, grünen, von denen man nur die Böden verzehren kann, isst man von den violetten die ganzen Herzen. Immer öfter findet man in guten italienischen Restaurants wie dem «Sale e Pepe» oder dem «Ristorante Toscana» in Zürich einen Salat aus frischen Artischockenherzen auf der Karte. Beim Kauf muss man darauf achten, dass die kieferzapfenförmigen Knospen prall und die Blätter geschmeidig sind. Angetrocknete Blattspitzen und eine braune Färbung sind ein Zeichen für alte Ware.

_ Das Zurüsten der kleinen Artischocken ist nicht ganz einfach, deshalb werde ich es etwas ausführlicher beschreiben. Zuerst schneidet man, falls noch vorhanden, den Stiel weg. Anschliessend bricht man von Hand die äussersten grünen Blätter rundum ab, bis der Ansatz der Blätter hellgrün oder gelb wird. Mit einem Sägemesser schneidet man dann die dunkelgrüne Spitze der Knospe weg, und jetzt beginnt die schwierige Feinarbeit. Mit einem kleinen, scharfen Küchenmesser entfernt man alle dunkelgrünen Blattstellen, bis nur noch die hellgrünen und gelben Blattteile übrig bleiben, indem man dabei die Artischocke langsam in der Hand dreht. Damit das zugeschnittene Gemüse nicht braun wird, legt man es in kaltes Zitronenwasser.

_ Für die Zubereitung gibt es die verschiedensten Möglichkeiten. Man kann sie in hauchdünne Scheiben hobeln und, mit Olivenöl, Zitronensaft und Meersalz bestreut, roh verzehren. Oder man kocht die ganzen Artischockenherzen in Salzwasser mit etwas Zitronensaft weich. Auf keinen Fall darf man dabei eine Pfanne aus Aluminium benutzen, weil sie dabei unansehnlich schwarz werden. Die gekochten Artischockenherzen serviert man lauwarm mit Olivenöl, Zitronensaft und etwas Meersalz; in Griechenland fügt man noch etwas Safran bei.

(mit feinem Mittelmeergemüse)

gebratene violette artischocken

_ Die Artischocken wie oben beschrieben rüsten und in feine Scheiben schneiden. Je ein Stück Stangensellerie, Peperoni und Zucchetti, eine kleine Zwiebel, einen Esslöffel schwarzer Oliven und einen Kaffeelöffel Kapern fein hacken und mit Zitronensaft würzen. In einer grossen, flachen Pfanne die Artischockenscheiben in feinem Olivenöl und etwas frischer Butter anbraten. Das fein gehackte Gemüse beifügen und das Ganze knackig weich dünsten. Am Schluss mit etwas Olivenöl, Salz, Pfeffer und Zitronensaft abschmecken.

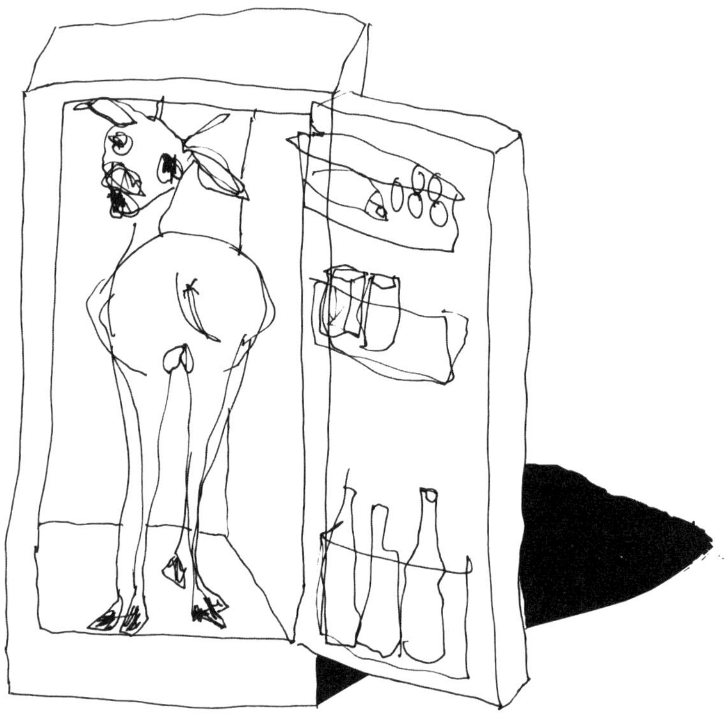

sommerbock

_ Im Frühsommer ist der Höhepunkt der Wildsaison. Im Kanton Zürich beginnt die Revierjagd nämlich am 1. Mai. Es ist ein unausrottbarer Irrtum, dass die Wildsaison im Herbst sei. Dies trifft auf Bergkantone wie Graubünden oder Glarus zu. Ebenso falsch ist die Meinung, dass man in den Bergen das beste Wild esse. Der trockene Gems- oder Hirschpfeffer ist nicht zu vergleichen mit dem zarten und saftigen Pfeffer des Sommerbocks aus unseren Wäldern. Mein Metzger, Markus Würmli, verarbeitet ab Mai jede Woche ein paar Rehe, die er den umliegenden Jagdgesellschaften abkauft. Trotz der überragenden Qualität hat er aber im Sommer Mühe, dieses köstlichste aller Wildbrete zu verkaufen, er muss es gelegentlich bis im Herbst, wenn dann Krethi und Plethi Wild essen, sogar einfrieren.

_ Doch beginnen wir mit dem Jägerlatein am Anfang. Die Jagd ist nämlich eine komplizierte Geschichte, es ist keineswegs so, dass die Jäger mit ihren Gewehren einfach in den Wald rennen und abschiessen, was ihnen vor die Flinte kommt. Bevor die Saison beginnt wird genau festgelegt, wie viele Tiere erlegt werden dürfen, bzw. müssen. Denn nicht nur der Wildbestand soll gesichert werden, der Wald muss ebenso vor einem Überbestand an Tieren geschützt werden. Ein Jäger beobachtet über das ganze Jahr die Tiere in seinem Revier und kennt jedes einzelne von ihnen. Zu Beginn der Jagdzeit weiss er genau, welche Tiere er schiessen will. Das sind einerseits die nicht ganz gesunden Tiere und andererseits vor allem Rehböcke, im Mai heissen sie «Maiböcke» und später «Sommerböcke». Böcke werden geschossen, weil sich die trächtigen Rehkühe ins Dickicht zurückziehen und ein Überhang an Böcken besteht, die sich, ihrerseits Testosteron geschwängert, brutale Kämpfe liefern und dabei erhebliche Waldschäden verursachen, was eben so passiert, wenn zu viele Männchen ohne Weibchen auskommen müssen!

_ Im Frühjahr und im Sommer werden die Tiere also nicht gejagt, sondern an ihren Wechselpfaden abgepasst, sie sind so überhaupt nicht gestresst und sehr gut ernährt, wenn sie erlegt werden. Aus diesem Grund ist ihr Fleisch unglaublich zart. Sobald das Kontingent an erlegten Tieren erfüllt ist, wird die Jagd gestoppt. Erst im Herbst wird die eigentliche Treibjagd eröffnet, die ebenfalls streng kontrolliert und kontingentiert ist. Da die Tiere jetzt schwieriger zu finden sind, kann die Jagdzeit unter Umständen bis in den Dezember andauern. Und dann hat Markus Würmli wieder grosse Mühe sein Fleisch los zu werden, weil nach Volkes Irrglaube die

Jagdsaison längst vorbei ist. Für mich als Koch ist dies insofern ein Vorteil, als die Preise in einem vernünftigen Rahmen bleiben, wenn die Nachfrage niedrig ist. Im Grunde genommen verhalte ich mich mit dieser Kolumne wieder einmal völlig unprofessionell, indem ich Ihnen diese Geheimnisse verrate und damit die Nachfrage steigere. Ich warte schon lange auf das Jahr, wo im Sommer die Rehpreise mit dem Thermometer zu klettern beginnen und ich mir für die Sommerkarte etwas Neues einfallen lassen muss. Zum Glück ist der Irrglauben oft ausserordentlich hartnäckig.

_ Was die Zubereitung von Sommerbock betrifft, gibt es unendlich viele Möglichkeiten und ich kann Ihnen eher Tipps geben, was Sie besser nicht tun sollten: Rotkraut, Preiselbeeren und Kastanien sind nicht unbedingt jahreszeitgerecht und auch Spätzli sind im sonnigen Juli eher unpassend. Traditionalisten haben es da also schwer. Ganz besonders möchte ich aber die Fans von Niedertemperaturgaren warnen und das E-Mail eines Lesers zitieren: «Ich habe bei Freunden einen Rehschlegel gegessen, der nach der Niedertemperaturmethode gegart war. Das Fleisch war absolut trocken und griesig, kurz ungeniessbar! Wissen sie, was da falsch lief?»

_ Ich habe beim Wildfleisch auch schon beobachtet, dass es griesig wird, wenn man es zu lange an der Wärme stehen lässt, weiss aber nicht genau, was da chemisch vor sich geht. Vermutlich spielen der pH-Gehalt und die Zartheit des Fleisches eine Rolle. Ohnehin verstehe ich die Begeisterung für diese Garmethode nicht. Für mich ist Niedertemperaturgaren kein Bratvorgang, sondern ein Verwesungsprozess und entsprechend riecht und schmeckt auch das Fleisch, nach alten Lappen nämlich. Ich kenne übrigens keinen guten Koch, der sein Fleisch unter 100 Grad garen würde. Aber dies ist meine ganz persönlicher Standpunkt.

ganzer rehschlegel aus dem ofen

_ Einen kleinen Rehschlegel kräftig salzen und pfeffern. Rundum in Butter bei milder Hitze langsam anbraten. Auf ein Backblech legen, ein Fleischthermometer hineinstecken und bei 180° in den Ofen schieben. Ab und zu mit Butter einpinseln. Wenn die Kerntemperatur 46 – 48° beträgt, den Ofen abschalten und öffnen. Den Bratensatz auf dem Blech mit einem Glas Weisswein ablöschen, die Bratflüssigkeit mit den Zwiebeln in ein Pfännchen giessen und den Schlegel im offenen Ofen etwa 15 Min. abstehen lassen. Der Bratenflüssigkeit ein paar Wacholderbeeren und ein paar kalte Butterstücklein beifügen. Die Sauce mit dem Mixstab pürieren, aufkochen, abschmecken und über den Rehschlegel giessen.

pfeffer

_ Der herbstlichen Jahreszeit entsprechend ist meine Mailbox zurzeit gefüllt mit Fragen zum Thema Wildgerichte, insbesondere zur Zubereitung von Pfeffer. Tatsächlich gibt es da einige Tücken und ich verstehe die Köchinnen und Köche, welche fertig gekochten Pfeffer beim Metzger kaufen. Anderseits ist das Beizen, Braten und Schmoren von Wild ein besonders sinnliches Kocherlebnis, und wenn man am Schluss die Sauce mit frischem Schweineblut abbindet, mag dabei eine nostalgische Sehnsucht auftauchen nach der Zeit, als der Herbst noch nach Laubfeuer und gebratenen Äpfeln roch und das Ritual der Dorfmetzgete jeweils den kommenden Winter ankündigte. Die Laubfeuer sind inzwischen schon lange verboten und Schweineblut bekommt man bestenfalls noch tiefgefroren beim Metzger – doch zurück zum Pfeffer.

_ Zu Pfeffer wurde früher das Fleisch aus zwei Gründen verarbeitet, erstens sollten Säure und Alkohol das frische Fleisch für eine gewisse Zeit haltbar und anderseits zähes Fleisch mürber machen. Dazu war jedes Tier recht vom Rind über das Schwein, dem Hasen bis zum Fasan und zum Wildschwein. Übrig geblieben ist davon bis heute nur noch der Wildpfeffer, also vor allem der Reh- und Hirschpfeffer.

_ Man kann beim Metzger rohen, gebeizten Pfeffer kaufen, aber dann bezahlt man die Beize aus Essig und billigem Rotwein relativ teuer. Besser also man kauft Ragoutstücke und mariniert sie selber. Schmackhafter sind die Stücke mit Knochen, unkomplizierter diejenigen ohne Knochen. Für die Marinade nehmen wir zur Hälfte einen preiswerten, aber kräftigen Rotwein und zur anderen Hälfte Rotweinessig und zwar so viel, dass sie die Ragoutstücke vollständig bedecken. Die genauen Zutaten füge ich am Schluss an. Diese Marinade, oder eben Beize, kochen wir einmal auf, giessen sie über das Fleisch und lassen das Ganze für 1 bis 2 Tage ruhen. Es gibt auch Pfefferrezepte, bei denen das Fleisch ausschliesslich mit Cognac mariniert wird, aber dies wäre eine andere Geschichte.

_ Damit die weitere Zubereitung nicht allzu kompliziert wird, mache ich jetzt eine kleine Abkürzung: Wir nehmen das Fleisch aus der Marinade, trocknen es mit Küchenpapier sorgfältig ab, salzen und bestreuen es ganz leicht mit Mehl. Im heissen Öl braten wir die Stücke portionenweise scharf an. Das dauert eine gewisse Zeit, weil zuerst die restliche Marinade verdunsten muss, bevor das Fleisch braun zu werden beginnt. Nach Belieben kann man ein paar Speckwürfel mitrösten, mich persönlich stört hier der Speckgeschmack eher. Sobald das Fleisch kräftig angeröstet ist, kippen wir die Marinade darüber, die sofort kräftig zu blubbern beginnt. In einer feuerfesten Form stellen wir jetzt den Pfeffer bei etwa 150° zugedeckt in den Backofen. Die Garzeit dauert je nach Qualität des Fleisches etwa 40 bis 90 Minuten. Am besten prüft man den richtigen Garpunkt, indem man ein kleines Stück kostet. Sobald das Fleisch genügend weich, also richtig mürbe ist, fischt man die Stücke heraus und passiert die Sauce durch ein Sieb. Die Sauce soll gut gebunden und käftig gewürzt sein. Falls nötig, kocht man sie noch weiter ein oder bindet mit Maizena nach. Dies ist wichtig, damit später das Blut beim Aufwärmen weniger schnell gerinnt. Bis hierhin können Sie übrigens den Pfeffer problemlos am Morgen oder sogar am Vortag vorbereiten, damit haben Sie keinen Stress mit der zeitlichen Abstimmung vor dem Essen.

_ Kurz vor dem Essen wärmen wir die Sauce mit dem Ragout darin auf. Dann ziehen wir die Pfanne neben die Herdplatte und rühren sorgfältig 1 bis 2 Esslöffel frisches Blut darunter, ohne dass die Sauce kochen darf. Dabei wird sie schnell eine dunkelbraune Farbe, einen samtenen Glanz und einen leicht metalligen Geschmack bekommen, den typischen Pfeffergeschmack. Man kann das Blut auch durch ein Stück Bitterschokolade ersetzen, was ich persönlich nicht sehr schätze. Dafür fügen wir am Schluss einen Esslöffel frisch gekochte Preiselbeeren und einen Spritzer Rotwein bei. Und wie erwähnt, die Sauce darf nie mehr kochen, weil das Blut sonst gerinnt und die Sauce dadurch griesselig wird. Schweineblut bekommt man beim Meztger, es lässt sich problemlos portionenweise einfrieren.

wildbeizen

_ 1/2 kräftiger Rotwein, 1/2 Rotweinessig, eine mit Nelken und Lorbeerblättern besteckte Zwiebel, je 1 KL Wacholderbeeren- und Pfefferkörner, wenig Salz, 1 Tannenzweiglein. Zum Binden: wenig Mehl und etwa 2 EL frisches Blut. Zum Abschmecken: Salz, 1 EL Preiselbeeren, etwas Wein oder Cognac.

zarte disteln

_Eine wunderbar warme Novembersonne durchbrach den leichten Morgennebel, als ich am letzten Samstag über den Oerliker Markt spazierte. Die ersten Adventskränze, Mistelzweige und Weihnachtsbäume wollten noch nicht richtig ins farbenfrohe Marktgeschehen passen. Jetzt ist eine ideale Zeit für Salate und Blattgemüse. Eher kühle, aber nicht zu kalte Temperaturen und feuchtes, aber nicht zu nasses Wetter lassen sie kräftig spriessen. Welch herrliche Auswahl an Salatköpfen, Chiccorinobüscheln, Mangoldblättern und Lattichbunden! Nur für den Nüsslisalat ist es immer noch etwas zu warm.

_Antonio Rossetti aus Embrach, bei dem ich jedes Mal kurz vorbeischaue, bietet eine köstliche Rarität aus dem Piemont an: «Gobboni», gebleichte Karden, die er direkt vom Mailänder Gemüsemarkt importiert. Karden sind ein Distelgewächs, eng mit den Artischocken verwandt. Sie werden vor allem in den Mittelmeerländern angebaut, auch im Kanton Genf gibt es Kardenplantagen. Im Gegensatz zu den Artischocken isst man nicht die Knospen der Pflanze, sondern die Blattrippen. Eine besondere Delikatesse sind die feinen Kardenherzen, die als rohes Gemüse Bestandteil der piemontesischen «bagna caoda» sind. Vor allem im Piemont findet man die gebleichten Karden. Sie wachsen wie der weisse Spargel unter der Erde oder werden mit lichtundurchlässiger Folie abgedeckt, damit sie so unvergleichlich zart werden. Ihre Saison beginnt im späten Herbst und dauert bis zum ersten Frost. Sie sind bei uns ein alljährlicher Bestandteil des Silvestermenus geworden. Die allerbesten Karden habe ich im «da Guido» in Costiglione d'Asti, meinem piemontesischen Lieblingsrestaurant, gegessen. Lydia Alciati serviert die Kardenherzen mit einer Fonduta, einer Art Käsefondue.

_Die äusseren Stiele der Karden werden wie Krautstiel zubereitet. Man zieht erst die fasrigen Fäden ab und schneidet sie dann in fingerlange Stücke. Wichtig ist dabei, dass man sie sofort in Essigwasser legt, weil sie sonst schwarz werden. Anschliessend kocht man sie in viel Salzwasser weich. Die weitere Zubereitung kann variieren. Man dreht sie in einer Pfanne in etwas frischer Butter oder bereitet mit Käse und Rahm einen Kardengratin zu.

_Um Enttäuschungen zu vermeiden, sei angemerkt, dass Karden leicht bitter sind. Ich betone dies, weil ich in meinem Restaurant schon oft festgestellt habe, dass Bitterkeit für viele Gäste per se negativ ist. Im Gegensatz zu den Italienern, die bittere Gemüse wie die Artischocken oder den Cima di rapa lieben, mögen viele Schweizer keine Spur von Bitterkeit im Essen. Erstaunlich, denn Bitterkeit ist doch eine Geschmacksempfindung unter anderen wie süss, salzig, sauer oder scharf, die nur in einer zu hohen Dosis als unangenehm erlebt wird.

fonduta di cardi

_ Für 4 Personen benötigt man zwei gebleichte Karden. Die grossen Blattrippen entfernen, bis nur das zarte Herz übrig bleibt. Man kann die Blattrippen für eine andere Mahlzeit tiefgefrieren. Die Herzen halbieren und in wenig Salzwasser und etwas Butter weich dünsten. In einer kleinen Pfanne 200 g fein gewürfelten Fontinakäse und 1 Kaffeelöffel Butter in 1 dl Milch langsam erwärmen, bis der Käse schmilzt. Mit dem Schwingbesen 2 Eigelb darunterschwingen. Die Flüssigkeit vorsichtig weiter erhitzen, bis das Eigelb bindet und eine luftige Creme entsteht. Mit Pfeffer abschmecken. Die Kardenhälften mit der Sauce übergiessen und sofort servieren.

weihnachten aus der vogelperspektive

_In vielen Ländern wird zu Weihnachten Geflügel aufgetischt. In Amerika ein Turkey, in Mitteleuropa eine Weihnachtsgans und in Frankreich ein Chapon (Kapaun) oder eine Poularde. Leider assoziieren wir das Jahr über Geflügel eher mit Hormonskandalen und industrieller Tierhaltung. Diese jämmerlichen Kreaturen taugen tatsächlich nicht zu einem Festessen, denn nur Gänse, Hühner und Truthähne aus sorgfältiger Haltung und Mast bereiten einen kulinarischen Genuss. Die Tiere pickten früher auf den abgeernteten Stoppelfeldern die letzten Körner auf und wurden so zu Weihnachten schlachtreif.

_Einen Genuss der Extraklasse bietet das Geflügel aus der Bresse, einer französischen Region westlich des Juras. Seit 1957 ist die Appellation geschützt und an einem blau-weiss-roten Gütesiegel erkennbar. Bresse-Geflügel ist sehr teuer, ein Kapaun kann gut und gerne 120 Franken kosten. Es ist jedoch ein königliches Erlebnis, solch ein kapitales Tier von drei Kilogramm Körpergewicht während zweier bis dreier Stunden im Topf leise schmoren zu lassen, während sich die ganze Wohnung mit einem herrlichen Duft füllt. Persönlich bin ich aber der Meinung, dass es heute ebenso gutes Geflügel zu wesentlich günstigeren Preisen gibt. Vor allem bei den kleineren Poulets bis 1,2 Kilogramm ist der Qualitätsunterschied minim.

_Ein paar grundsätzliche Einkaufstipps: Kaufen Sie nur frisches Geflügel, kein tiefgefrorenes. Achten Sie darauf, ob ein Produzent angegeben wird, dies bedeutet meist eine gewisse Qualitätskontrolle. Die prächtigste Auswahl an Freilandgeflügel habe ich bei Globus gefunden; spezielles Geflügel muss man vorbestellen. Zur Qual der Wahl eine ganz persönliche Auswahl: Ich bin kein Freund des Gänsebratens. Diese Tiere sind mir viel zu fett, und das Fleisch ist trotzdem trocken. Auch ihr strenger Geschmack passt mir nicht. Für ein Tête-à-Tête würde ich eine kleine Barbarie-Ente von etwa 1,6 Kilogramm wählen. Sie ist fettarm und trotzdem sehr saftig und vollfleischig. Die Zubereitung halte ich einfach, ich will das Tête-à-Tête ja geniessen. Für eine grössere Tafelrunde empfehle ich einen Kapaun oder einen Baby-Truthahn von etwa 3 Kilogramm aus Freilandhaltung. Der Truthahn hat bei uns zu Unrecht einen schlechten Ruf als billiger Industrievogel. Dass ein sorgfältig aufgezogener junger Puter eine wunderbare Delikatesse sein kann, ist leider wenig bekannt.

_ Keine Angst vor grossen Vögeln, die Zubereitung ist gar nicht so schwierig und das Ergebnis wirklich ein festliches Erlebnis. Hier das Grundrezept für eine gebratene Ente: Eine küchenfertige Ente von rund 1,6 Kilogramm kräftig salzen und pfeffern. In einem feuerfesten Topf in wenig Butter rundum sanft anbraten, ohne dass die Butter verbrennt. Eine fein gehackte Zwiebel beifügen und im Ofen bei 170 Grad 20 Minuten braten. Die Ente auf eine Platte legen und im ausgeschalteten Ofen bei offener Türe warmhalten. Den Topf auf den Herd stellen. Den Bratensatz mit einem guten Glas Portwein auflösen, mit einem Mokkalöffel Maizena binden und etwas einkochen. Erst die Brust mit der Sauce servieren und als zweiten Gang die Schenkel mit einem pikanten Salat.

poelierter kapaun mit kartoffeln

_ Einen grossen, feuerfesten Topf mit grossen, halbierten, rohen Kartoffeln auslegen. Den bratfertigen Kapaun kräftig salzen und pfeffern und mit einer Zitronenhälfte abreiben. Vier Zitronenhälften in die Bauchhöhle füllen und den Vogel auf die Kartoffeln setzen. Den Topf verschliessen und bei 150° während zweier Stunden in den Ofen stellen. Garprobe: Den Schenkel bis auf das Gelenk einschneiden und kontrollieren, ob das Fleisch gar ist. Dieser Vorgang ab und zu wiederholen, bis der Garprozess nach Wunsch beendet ist. Am Schluss den Topf abdecken und den Kapaun unter der Grillschlange leicht bräunen. Den Bratensaft in ein Pfännchen giessen, mit etwas Saft der geschmorten Zitronen abschmecken und mit wenig Doppelrahm binden. Die köstliche Kapaunleber kann man wie Kalbsleber separat braten. – Das gleiche Rezept eignet sich auch für einen Baby-Truthahn.

feststress

_Wenn sie wieder da ist, oh die fröhliche Weihnachtszeit. Zwar spüre ich nie nach dem 1. Advent so wenig von einer festlichen Vorfreude in der Stadt wie sonst, doch das ist ein anders Thema. Anhand eines kleinen Menüs möchte ich Ihnen für die Festtage ein paar Tipps mitgeben, mit denen Sie den Küchenstress verringern können. Bei der Zusammenstellung des Menüs machte ich mir folgende Vorgaben:

_Ich will alle Zutaten im Voraus kaufen können, damit ich nicht in die überfüllten Läden gehen muss. Ich will alles so weit vorbereiten können, dass ich nach dem Eintreffen der Gäste höchstens noch die eine oder andere Zutat wärmen, oder abschmecken muss. Ich will etwas Leichtes kochen, weil wir in diesen Tagen ohnehin viel zuviel essen. Also: Zuerst gibts Wintergemüse mit Ingwer und Orange, dann schaumige Boskopsuppe, weiter Lammracks in Buttermilchbeize mit zerkochten Kartoffeln und Selleriepüree und zum Schluss Limonenmousse mit Kaki.

_Beginnen wir mit dem Dessert und zwar ohne weitere 1 bis 2 Tage im Voraus: Saft und Schale von drei Limonen, 250 g Mascarpone, 2,5 dl Rahm, 50 g Zucker zusammen wie Schlagrahm aufschlagen und kalt stellen. Dazu werden wir pro Person eine halbe Kaki servieren. Ebenfalls Tage im Voraus können wir das rohe Wintergemüse vorbereiten: je 200 g rohe Randen, Rüebli und Rettich raffeln und salzen, damit das Gemüse Wasser zieht. Gut ausdrücken und mit 50 g frisch geriebenem Ingwer, Zitronensaft, Koriander aus der Mühle und den Filets einer Orange mischen. Dazu passt eine kleine Sauce aus einem Becher Sauerrahm, geschnittenem Schnittlauch, Salz und Pfeffer, die wir ebenfalls kalt stellen. Jetzt zur Suppe, ebenfalls am Vortag: 400 g Boskop, ein Stück Sellerie, 1 Karotte und 1 Zwiebel schneiden wir in kleine Stücke und dünsten sie in 1 EL Butter an. Dabei dürfen die Äpfel leicht karamellisieren. Mit 3 dl Apfelwein, 2 dl Kokosmilch, 3 dl Wasser, 1 Lorbeerblatt, 1 Nelke, Salz, Pfeffer und ganz wenig Zimt etwa 45 Minuten kochen. Abschliessend pürieren wir die Suppe

mit dem Mixstab und streichen sie durch ein Sieb. Bleibt noch der Hauptgang, damit beginnen wir irgendwann am späteren Morgen: Wir würzen die Lammracks mit Salz und Pfeffer, bestreichen sie mit Senf und zwei gepressten Knoblauchzehen, legen sie in ein knapp passendes Geschirr und bedecken sie vollständig mit Buttermilch. So sollen sie mindestens 4 Stunden marinieren. Dann schälen und würfeln wir 500 g mehlige Kartoffeln und legen diese in kaltes Wasser. Zudem stellen wir ein Bündchen gehackten Kerbel bereit. 400 g Selleriewürfel kochen wir in Wasser sehr weich, giessen das Wasser ab, fügen 2 dl Rahm bei und schmurgeln das zusammen ein. Zum Schluss pürieren wir den Sellerie, schmecken mit Salz und Pfeffer ab und füllen ihn in eine feuerfeste Form. Ein bis zwei Stunden vor dem Essen kochen wir die Kartoffeln in Salzwasser sehr weich, giessen das Wasser ab und zerdrücken die Kartoffeln, so dass sie dabei schön ausdampfen können. Dann mischen wir sie mit dem Kerbel und reichlich Olivenöl, damit sie schmelzend weich werden. So kommen sie ebenfalls in eine feuerfeste Form.

_ Etwa eine Stunde vor Essbeginn nehmen wir gemütlich die Lammracks aus der Marinade und heizen den Ofen auf 160 Grad vor. In einer Bratpfanne braten wir das Fleisch bei eher kleiner Hitze rundum an und legen es anschliessend in einer Platte in den Ofen. Die Garzeit beträgt je nach Dicke 8 bis 15 Minuten. Mit der Marinade lösen wir den Bratsatz in der Pfanne auf und kochen die Sauce tüchtig ein. Sie wird dabei scheiden, aber das kriegen wir am Schluss wieder hin. Wir giessen die Sauce durch ein Sieb in ein feuerfestes Geschirr, rühren sie mit dem Mixstab wieder glatt und schmecken sie ab. Sobald das Fleisch den richtigen Garpunkt hat, was wir mit einem Schnitt prüfen können, nehmen wir es aus dem Ofen. Die Kartoffeln und den Sellerie stellen wir im ausgeschalteten Ofen warm. Jetzt sind wir fertig, können die Küche aufräumen und uns in aller Ruhe umziehen. Für den ersten Gang drücken wir das Wintergemüse etwas aus und richten es mit einer Glacezange an, die Sauce geben wir darum herum. Zum zweiten Gang kochen wir die Suppe einmal auf, rühren sie mit dem Mixstab schaumig und verteilen sie auf die Teller. Bevor wir die Suppe essen gehen, schalten wir noch den Ofen auf 160 Grad ein und stellen das Fleisch und die Sauce hinein. Nach genau 5 Minuten steht im Ofen der Hauptgang bereit zum Anrichten. Wie Sie zum Schluss Kaki und Limonenmousse anrichten wollen, überlasse ich Ihrer Kreativität.

_ Schöne Festtage wünscht Ihnen der Chef.

rezepte

_ «Lasst euch von den überdrehten Rezepten in Hochglanzzeitschriften nicht verunsichern.»

vegetarisch

salate

fisch

fleisch

saucen

desserts

ausserdem

_ Text: Peter Brunner, Restaurant Reblaube, Zürich
_ Konzept und Gestaltung: Sonja Studer Grafik AG, Zürich
_ Produktion: Robi Züblin, Zürich
_ Litho: Mediafabrik AG, Zürich
_ Druck: Gisler Druck AG, Altdorf

_ ISBN-10 3-033-00567-5

_ Restaurant Reblaube & Goethe-Stübli
Glockengasse 7, 8001 Zürich
Telefon 044 221 21 20, Fax 044 221 21 55
E-Mail rest.reblaube@bluewin.ch